芝麻開門好上山
尋羊奇遇當逢仙
揚鞭躍馬淘金去
拔劍馴龍下九淵

馬津

牛角包一样的会计

上山记
财务专家的开店秘诀

马津 ◎ 著

北京联合出版公司
Beijing United Publishing Co.,Ltd.

图书在版编目（CIP）数据

　　牛角包一样的会计.财务专家的开店秘诀/马津著
.—北京：北京联合出版公司，2021.3
　　ISBN 978-7-5596-4835-8

　　Ⅰ.①牛… Ⅱ.①马… Ⅲ.①企业会计—基本知识②企业管理—财务管理 Ⅳ.① F275.2

　　中国版本图书馆 CIP 数据核字（2020）第 248774 号

牛角包一样的会计：财务专家的开店秘诀

作　　者：马　津
出 品 人：赵红仕
选题策划：北京时代光华图书有限公司
责任编辑：管　文
特约编辑：刘冬爽
封面设计：新艺书文化

北京联合出版公司出版
（北京市西城区德外大街83号楼9层　　100088）
北京时代光华图书有限公司发行
北京晨旭印刷厂印刷　　新华书店经销
字数110千字　　880毫米×1230毫米　　1/32　　7.5印张
2021年3月第1版　　2021年3月第1次印刷
ISBN　978-7-5596-4835-8
定价：49.80元

版权所有，侵权必究
未经许可，不得以任何方式复制或抄袭本书部分或全部内容
本书若有质量问题，请与本社图书销售中心联系调换。电话：010-82894445

recommend

2003年8月，马津离开德勤（Deloitte）时赠我曾国藩《冰鉴》一书。多年来我每每遇到困惑之时，随即翻之，虽先历而后读，却使我在对事情的判断和冷静思考及对人对事等颇受启迪，也时时体会他当时送我这本书的原因。

时隔十六载，再次见他，虽已不是翩翩少年，但驰骋商界，闻名遐迩，身材健硕，满面佛光，眉宇俊秀，言谈之中，过去种种热血愤青、怒目拔刀之勇均被淡淡一笑取代。

秉直公正，为人谦和，专业精湛，洞察一切，厚积薄发，将会使马津的未来职场及生意之

I

路越来越宽广。

苏国元
德勤中国京津冀协调发展主管合伙人

在这个全球注水（或大水漫灌，或细水长流）、水多面少的时代，只要你还有点闲钱，投资就应该像空气和水一样成为我们生活之必需，以保证我们辛苦挣的钱不被贬值所吞噬，为此每一个人都有必要学习点投资知识，了解一些投资道法。相对于书市林林总总晦涩难懂的投资书籍，这本书是一本适合每一个想学习一些投资知识的人阅读的书。

投资是一门很专业的活儿。专业的事用专业术语讲给专业的人士听并不难，但若要用轻松灵动、通俗明了的语言，把拗口晦涩的专业知识准确完整地表达出来，让每一个外行人都能愉快阅读并深谙其要义，却是一件很有挑战的事，但这本书做到了。因为该书的作者不仅有丰富的、融会贯通的专业知识底蕴，还有深厚的文学功底和给人带来快乐的智慧。

向炎珍
协和医院总会计师

2020，一言难尽！

羊本来想安于现状，好好过自己的日子，但是无底线的量化宽松和越来越多黑天鹅的暴击让所有的羊不知所措。所以羊们也希望自己拥有超能力，能够在现实中魔幻羊生，在魔幻里实现自己的羊生之梦。这不是羊的问题！

科学在那里，骗子也在那里。别迷信专家，要学习真知。能把复杂的道理说明白，能坚持说真话的才是好老师。本书作者将自己丰富的投资经验娓娓道来，把风险投资的基本环节和流程抽丝剥茧地完整展示出来。润物于无声，根植于毫末。了解了这些原理并在实践中坚持，也许不能让羊爬上最高的山峰，但至少可以避开太多的风险。

202×，逆流而上！

邵楠

英国特许公认会计师协会（ACCA）华北区事务总监

preface

作为又一个庚子年的 2020 年注定不平凡，除了举国上下共战天灾外，还有不少新闻刷新了我们的认知底线，比如连巴菲特老爷子都表示活久见的美国股市的四次熔断，比如时隔十年的中概股再次接连被美国做空机构狙击。

十年的时间说长不算长，可能很多朋友都会平静地说，十年很快，只是一眨眼的工夫。但这其实是人生之于众生开的大玩笑，请你再想想，十年前你正在做什么？五年前呢？三年前呢？如何？十年还是很快的刹那芳华吗？是不是感受到了时间之刃的冷气森森？

这套书差不多开始于十年前，彼时小熊刚创业不久，流年不利，命运多舛，接连遇上了 2009 年的全球经济危机和 2011 年的中概股群体做空事件，生意惨淡，心情郁郁之余，利用专业帮老娘开了个面包店，同时完成了第一本书的创作，收获了第一批读者。十年后，当小熊写完本系列书的第五册《寻羊奇遇记》时，瑞幸咖啡的股价已经跌去了 83%，只留下硝烟后的一地鸡毛。

瑞幸咖啡的事情还未平息，做空机构又接连瞄准了爱奇艺、好未来和跟谁学。好未来这家公司小熊比较熟悉，此前是教育市场的宠儿，一路长虹的明星企业，结果做空报告一出，股价马上反应激烈。除去做空机构出于追逐利益的煞费苦心，好像亦有不少引人深思之处。

《牛角包一样的会计》系列的写作缘起，在于给小熊的潜在客户群——广大的民营企业家提供一本快速入门、搭建起初级财务观的扫盲读物。如果能够引起他们的兴趣，可以对财务多一点了解和尊重，则更是意外的功德。小熊曾接触过的很多民营企业家，一方面雄才大略，意气风发；另一方面却不知道有所为有所不为，君子不立于危墙之下的朴素道理。产生这种现象的原因之一就是，他们对于财务缺少敬畏，并且缺少端正的对待财务的态度，认为财务可以欺之以方。

这套书从第一册的写作到第五册的出版跨越了大约十二

年的光阴，在这十二年间，小熊亲身经历了很多企业的起高楼宴宾客和楼塌了，感慨之余，对财务表现出来的 inner power（内力）也更加敬畏。小熊在这套书中不止一次布道说，财务是最有智慧的合作者，你了解它、善待它，真诚地面对它，它也会以其所有回报你。但如果你轻视它、欺骗它、扭曲它，它也会平静接受，但一定会找机会让你付出惨重代价。

很多企业家信心满满地认为资本市场是他们展现风采的舞台，这绝对是个误会，资本市场更像一个血腥残酷的角斗场，资企双方均为角斗士，而正确的财务观和一定的财务知识，则是企业家手中的盾和剑。如果不知学习、无所敬畏，那它也可以变成对方手中的利器。

是为序。

preface

《牛角包一样的会计》系列自 2015 年在北京联合出版公司安家,已然五载,其间风雨多艰,承蒙光海兄及我的编辑正侠兄厚爱,一向温暖鼓励,鼎力支持,在此一并稽首。

这套书第二版出版时(2015 年),我邀请了九位同辈及同行的朋友助拳为我写序,他们都属于财务行业的中流砥柱,平日戎马关山、黄沙百战,但仍慨然应邀,为我这套浅薄的小书增色颇多,在此也一并感谢一下。

第三版为我写序的三位前辈,均为财务行业德高望重的领军人物,与我颇有渊源,他们平日大事如山，一日万几，但也都慷慨捧场，情深义厚，令人感动。

苏先生是我职业生涯中第一位领导和恩师，早年纵横四海，勋业彪炳，又妙在是性情中人，既能红尘快马，亦可沧海观涛，乃是第一流的豪杰人物。如今几近得道，佛心如水，平时即多诲我，此次应我所请，还几番手易草稿，实在令我感愧莫名。

向总会与我相识偶然，由于对文学的共同爱好一见如故，其已为年高德勋的前辈，却仍温润谦冲，每每与我分享读书后的感悟。于我观之，其文字清丽净洁，思考隽永深邃尚在其次，更为难得的是在此焦虑浮躁的年代仍沉心静气，坚守文学。实为人生之大境界。

邵首代与我有着近20年友情，是互相见证成长的老朋友。我近两年与协会多有互动，参加了不少协会的活动，对邵首代不动声色、举重若轻的领导风范颇为佩服，此为优秀leader（领导）之必备品质。此次爽快助拳，文字又流畅秀美，温婉平和，颇令我有意外之喜。

此正是，湖海多风浪，应谢护佑情。

是为序二。

目录
contents

楔子 会计和牛角包的关系 >001

PART 1 / 熊妈妈的账本和小熊的第一课

  熊妈妈开店 >011

  熊妈妈的账本 >018

  小熊的第一课——权责发生还是收付实现? >027

PART 2 / 熊妈妈靠什么打天下——面包店的资产和负债

  资产负债表是怎么变出来的 >043

什么样的资产才是固定资产 >057

面包店里的存货 >062

待摊费用和预提费用是一对龙凤胎 >066

其他应收和其他应付是两个筐，什么都能往里装 >075

负债其实挺简单 >081

资产负债表的草稿 >091

PART 3 / 怎么开店才能赚钱

质量好的店才是生意好的店 >097

直接成本／间接成本与VCD的关系 >101

熊妈妈的底牌 >109

拿什么贡献你，我的边际——边际贡献的介绍 >118

固定成本如何影响熊妈妈的心情 >124

盈亏平衡点是让人心理平衡的销售点 >134

PART 4 / 利润表的奥秘

利润表就是收入、成本和利润的三方博弈 >151

整理后的利润表 >156

资产负债表和利润表到底是什么关系 >160

如何才能拥有一张好看的利润表——熊的生意经 >165

PART 5 / 现金流量表的秘密

PART 6 / 存货是怎么影响利润的

滚来滚去的存货 >195

存货是如何影响利润的 >205

补全存货的资产负债表 >213

不算尾巴的尾巴 >216

楔子
wedge

会计和牛角包的关系

上大学的时候，我们系有一位德高望重的老先生，论年纪早该回家享福了，但正因为其德高望重，是学校的柱石之臣，留在学校里可以当作镇校之宝，所以迟迟不能退休。由于老先生年岁太大了，无法继续讲授专业课，便独辟蹊径地开了一门新课，叫作"马克思主义哲学与会计的关系"。众所周知，哲学是万学之学，它总能和会计扯上一点关系。这门课我听过几次，后来就不去了，我本来就不太喜欢会计，再加上玄而又玄的哲学,就加倍的不喜欢。考虑到今后我还要靠着会计来吃饭,就毅然走掉了。

我很早就喜欢王小波,他有这样的法力,可以把艰涩无趣的科学理论或者抽象概念阐述得妙趣横生——至少对我而言是这样。作为一个偏科严重的文科生,我是因为读了王小波的文字才对物理学有了一点好感。所以我想,如果让王小波来讲会计与哲学的关系,效果可能会好一些,至少不会令我既不喜欢哲学,也不喜欢会计。

我也从很早开始就喜欢吃牛角包,一种源自法国的起酥面包。虽然我听说该面包其实会让人变得巨肥无比,不得不有所收敛,但是内心深处还是对它牵肠挂肚、难以割舍。除去它的味道之外,我更欣赏它的品质——看上去平凡无奇,和任何其他的面包没有什么不同,但是咬一口便可以让人体会到生活的美好,于是忍不住再咬一口。王小波曾说,好东西都具备一样高尚的品质,外表谦卑而内心精彩。比如,好的沙发就应该让人一直坐着不想起来;好的书就应该让人多读几次,恨不得背下来;好的食物就应该让人多吃几口,而忘了它的热量。

我从事财务咨询工作将近二十年,见过很多商业模式独特的企业。它们的赛道定位准确,在发展期攻城略地,战无不胜,但是财务水平却初级原始,给人的感觉惨不忍睹。仿佛一家厅堂华美的餐厅，后厨却还停留在食堂水平。我也见过很多企业家，在市场拓展和业务发展上壮志凌云、决断明快，但一谈到财务管理，马上张口结舌、茫然不知。这些企业家可能不知道，如果财务管理不能伴随企业的业务共同成长，那么未来在企业对接资本市场时，财务会时时掣肘，处处为难。资本当然喜欢拥有富丽堂皇装饰的餐厅，但是如果后厨的水平不行，它也是不会埋单的。

基于这样的经验和体会，我写了这几本书，希望用自己理解的财务知识，通过简单明快的语言，帮助企业家、企业高级管理人员以及对会计学科感兴趣的人快速了解这门学科，认识到这门学科的重要性，并可以借助这几本书简单搭建起自己的知识体系。若能如此，便是最值得我开心的事了。

虽然我没有王小波那样汪洋恣肆的想象力和笔下生花的神通，但我仍然希望通过这本书告诉大家，会计学就像牛角包，虽然看上去平常无奇，但是如果你试着咬一口，就会知道它的有趣和美味，这就是会计和牛角包的关系。

登场人物介绍：

小熊： 小熊是这样一个年轻人，他选择性地继承了老熊的人文气质，从小就对数字不敏感。小学的时候数学简单，凭着一点小聪明还可以拿到不错的分数，上中学的时候，还被不明真相的数学老师选中参加本市的华罗庚数学金杯赛。当小熊沉着地看了看试卷,发现自己只能回答考生姓名和考生学校这两个问题后,小熊明白了一个道理,虽然俗话说"学好数理化,走遍全天下",但是以他这个样子,估计连家门都走不出去。

文科班毕业之后，小熊的第一志愿不幸踏空，与专职文人无缘，满腹悲愤地进入了一所财经大学的会计系。小熊一心向文，结果却要去学专业度很高的会计，这实在是人生之于他开的一个玩笑。更出乎意料的是，命运对他眷顾良多，一笑之后还有二笑——小熊大学毕业后竟然被一所国际知名的会计师事务所录取，"顺理成章"地走上了财务的道路，此时小熊已被命运调教得深沉了很多，面对同年们的惊诧表情也能坦然自嘲。从业几年之后，小熊居然也对会计有了一点浅薄的心得，这也算是他人生中的一段失之东隅收之桑榆的际遇。

若干年后的一个黄昏，小熊揉了揉酸胀的双眼，奋力扣上电脑，想到一句江湖前辈的名言"王侯将相，宁有种乎！"，一时之间心有所感，不久便挂冠而去，和几个朋友合伙开了一家咨询公司，自己当了自己的老板。

在这本书里，小熊做咨询公司的合伙人之余，还是诲人不倦的会计老师，不过学生没得选择，只有一位，而且来头还很大，小熊每次见了她都得毕恭毕敬地叫老娘。所以小熊的会计课上得很尴尬，讲深了被批评为不知所云，讲浅了学生又会不耐烦地接下茬儿。小熊没有五祖的修为，做不到拈花微笑之余还能传经布道，只好暗自祈求上苍赐予他老娘一点六祖参破天机的佛心。

熊妈妈： 熊妈妈是这样一位阿姨。年轻的时候是风风火火的铁路职工，退了休在家，性子反而变了。每天过得从容滋润，优哉游哉，还购买了大批的烹饪书籍加强业务学习。对于这些书籍，小熊倒是不以为然，还毫不客气地批评熊妈妈花钱买破烂。不过看到熊妈妈慢慢适应并且开始享受退休之后的生活，小熊觉得这样的日子也不错。

在这本书里，熊妈妈焕发了生命的第二春，决定开一家小小的面包店。经历了几番挫折之后，她决定请小熊给她说说会计是怎么一回事。

故事发生的地点：小熊一家居住的城市叫熊市。小熊毕业之后在熊市工作了两年，虽然机会不错，但做得不顺心，便想着换一个环境，虽说好男儿志在四方，但也要一方一方地换过才行。出于财经人士的本能反应，小熊选择了熊市以北的一个叫作牛市的城市继续他的会计师生涯。可能因为有了一个好的彩头，后面几年，小熊在工作上倒是越来越顺利了。

小熊平日里在牛市打拼，由于牛、熊两市相距不远，隔两三周就能回熊市看看熊妈妈和熊爸爸。牛、熊两市间的高铁早已开通，一百多公里的路程转瞬即至。小熊往往前半个小时还在牛市，后半个小时却已在熊市了。这样的感觉想来和全国的广大股民并无不同。

PART 1

熊妈妈的账本和
小熊的第一课

PART / 熊妈妈的账本和小熊的第一课

熊妈妈开店

熊妈妈最近一段时间的行踪很神秘。

对小熊而言,熊妈妈每天的生活是这样的:很早便起床去公园打太极拳,太极拳队还有个拉风的名字叫海之鹰,海之鹰的高手们学习的招式都很唬人,动不动就一百八十几式的,但是基本上也就是个架势,没有什么技击的功效。熊妈妈也从没把自己当成武林中人,如果连续爬六七层楼,也一样气喘吁吁,满面通红,和一般的老太太并无不同。午饭之后熊妈妈一般都会待在家里,如果不午睡，就会认真地在网上打麻将。小熊有一次回家看望父母，为了在网上买东西，在熊妈妈的电脑上安装了一个淘宝旺旺，一开机就自动登录，用完后却忘了卸载。后来小熊常常在工作的时候看到自己的电脑提示说，自己的淘宝旺旺正在另一台电脑上登录，此时小熊就知道熊妈妈正在网上打麻将。小熊从没和妈妈提起过这件事，独自享受着这个好玩的小秘密。虽然相隔一百多公里，小熊也像能看到妈妈一样。

不过，最近一段时间，小熊总也看不到熊妈妈上网打游戏，打电话回家也常常没人接。小熊本来也不主张妈妈总是在家待着，退了休的人一定要有一个圈子，哪怕圈子很小。如果有可能，还可以多几个圈子，这样一来，自己活在不同圈子的交集里，生活才不至于寂寞无趣。比如熊妈妈所在的小区里就有这么一群大叔，他们总在风和日丽的日子里紧紧围成一团。从外面看过去，很难想象这么多的人其实是在下同一盘棋，而会怀疑他们在围观一场交通事故。古人云"观棋不语真君子"，这些大叔全都心宽得很，一点也不在乎做小人，纷纷面红耳赤地给当局者支着。有的性子急，还忍不住动手，不怕成为小人中的小人。小熊

PART 1　熊妈妈的账本和小熊的第一课

每次路过这个圈子都十分同情被重重包围的当局者，心想怪不得俗话说"当局者迷，旁观者清"。这样七只手八张嘴的恶劣环境不迷才有鬼。不过后来小熊也觉得只要这些人乐在其中，那么这也是一个可爱的圈子。

周末的时候小熊回到熊市，熊爸爸照例出门应酬，熊妈妈一如既往地做了很多菜，还给小熊温了一壶酒。小熊在同事眼里是个认真、勤奋、稍微有点强势的审计师，可是回到家里马上现出原形，变身为又馋又懒的小孩子，理直气壮地享受妈妈的宠爱。

熊妈妈等小熊暴风骤雨般的吃势稍缓一些后，笑眯眯地给小熊夹了一筷子菜，和颜悦色地说："儿子啊，妈妈想和你商量件事。"

熊妈妈想和小熊商量的事情并没那么简单。原来熊妈妈在休闲之余，忽然有了光阴易逝、韶华不再的伤感。觉得自己还年轻，不能如此无所事事地虚度年华。经过长时间的独立思考，她决定在自己的小区里开一个小小的面包店，就算不挣钱，也可以让自己的生活更加充实和愉快。

小熊听到这个消息倒是没觉得很意外，甚至有点佩服妈妈不动声色地做出这么重大的决定。小熊刚刚踏入职场的时候常常轻易被同事们看穿心思，几年来吃在"城府不深"这四个字上面的亏不知道有多少。这样清澈见底的人生观本来源于熊妈妈的言传身教，没想到这几年小熊不在身边，熊妈妈也变得老谋深算起来。

PART 1　熊妈妈的账本和小熊的第一课

不过小熊是个孝顺的孩子。曾国藩说："事亲以媚字为要。"意思是说，无论爸爸妈妈说什么，做孩子的要是孝顺，只听话是不够的，还应该曲意逢迎，连连叫好。小熊虽然做不到这么肉麻的境界，但是觉得妈妈的这个想法代表了积极向上的人生观，做儿女的应该支持，所以欣然点头。

熊妈妈说："你读书多，不如帮我起一个面包店

的名字。要好听好记的,我这个小店的主要客户都是咱们小区的邻居,我想要那种亲切上口、难以忘怀的。"于是小熊绞尽脑汁,替妈妈想到了一个好名字——"酥园"。看着这个名字,小熊心里也不由得生出几分得意,觉得这个名字完全符合妈妈的要求,又上口又好记。小熊还和妈妈憧憬说,等酥园做大了,熊妈妈还可以在旁边的高级小区再开一个连锁店,店名一并奉送,叫"酥庭"。大家看到酥园和酥庭,就能联想到香喷喷、热乎乎的烤面包。

娘儿俩聊得高兴之余,忽然想到一个问题——面包店要卖什么样的面包。妈妈肯定地说,首先她要卖蛋糕,因为她听海之鹰的姐妹们说卖蛋糕挣钱。这样的信息渠道让小熊着实为酥园的未来捏了一把汗。其次呢,还要卖吐司面包和牛角包,熊妈妈笑眯眯地说:"你从小就喜欢吃牛角包,所以妈妈也卖牛角包。"如此任性的战略规划又让小熊出了一身汗,脑子里不由浮现出这样的画面:面包店里有成百上千个卖不出去的牛角包,可怜的小熊蹲在店内一角,熊妈妈在旁边亲切地鼓劲儿:"多吃点,你不吃也得扔。"

不过小熊是个乐观的好青年,他还是决定积极地

PART 1 熊妈妈的账本和小熊的第一课

理解这件事情并且支持妈妈的决定。但他还想问问妈妈为什么要卖吐司面包,妈妈沉着地回答:"这个做起来简单啊。"小熊想了想,实在无话可说,转身走掉了。

熊妈妈的账本

几天后,小熊的公司接了一个很大的项目,小熊虽然有个合伙人的头衔,在客户面前可以冒充公司领导,但实际情况是关上门官兵平等,遇到大项目时,上至合伙人下到小朋友,统统都要下现场干活。没想到此去虽未经年,却也一晃数月。这几个月以来,小熊偶尔和妈妈通个电话,也大多是夜半时分,虽然小熊已经倦意无边,但是妈妈传达的消息还是常常让小熊精神一振,"面包店的店址选好了""面包店在装修""店员面试

PART 1　熊妈妈的账本和小熊的第一课

一轮了"……说到店员的招聘,小熊曾经不辞劳苦地和妈妈交流了一个多小时。在小熊看来,面包店的店员就算不能做到聪明漂亮,也一定要目光明亮、勤快朴实。对于这两点小熊全都无法亲自把关,只好自己在心里另外设定了两个标准,电话里帮妈妈面试,最

终总算找了两个头脑还算清楚的姑娘。

　　面包店装修之余，妈妈还报名参加了一个面点师的培训班。这方面小熊最放心，妈妈在烹饪方面是百年难得一见的天才。什么难做的饭菜，只要小熊把内容和味道准确地描述出来，妈妈都可以自己琢磨着做出来。小熊一直固执地认为，凡是与艺术相关的领域，天分的作用一定大于努力。当然不是说有天分就可以不努力，而是说，如果有天分，再加一点努力，成就一定了不起。妈妈的天赋没的说，不过努力这一方面颇令人遗憾，所以多年以来只能算是一个做饭好吃的普通老太太。

　　等小熊从西南边陲凯旋时，已经是6月初了。小熊风尘仆仆地走进小区，遥遥便看到小区里奶黄色外墙的"酥园"面包店，一时间由衷地替妈妈感到高兴。他创业多年，当然知道起家之时的甘苦风霜，看到明亮的店堂，闻到扑鼻的香味，自然知道妈妈付出了什么样的努力，所以格外为妈妈骄傲。娘儿俩相见亲热攀谈不再赘述，开业一个月以来的故事、新闻、体会、感想也得让妈妈一点一点地和儿子交代。

　　小熊学财务出身，自然最关心生意，妈妈闻此一

PART 1　熊妈妈的账本和小熊的第一课

问,面露得意之色地拿出一个小本,找来老花镜,要和小熊交代一下酥园的经营状况。小熊远远打量了一下妈妈的记账本,封面很熟悉,好像是自己小学毕业的时候同年相赠的礼物,那个年代小朋友之间流行互赠塑料皮面的笔记本,上面还要抄几句歪诗,"锦上添花"般地让自己的礼物看起来更加恶俗了。小熊看

到这个本子，想起里面题字的那位年兄和其歪歪扭扭的赠言，起了故人之思，不由得面露微笑。

等小熊看到妈妈记的流水账后，脸上的笑容就更加扩大一些。熊妈妈何等聪明，看到儿子的表情，心中暗想不好，一定是自己的账记得不够好，让这小子笑话了。

熊妈妈的账本

截至 2019 年 5 月 31 日

日期	项目	金额（元）	注释
3.24	注册资本（熊妈妈投资）	60,000	
3.24	个人借款（小熊）	40,000	
3.27	工商执照办理费	-800	
3.28	5月房租	-4,000	4月免租
3.28	房租押金	-8,000	
4.5	面点师培训费	-2,500	
4.12	灯箱制作费	-2,800	
4.15	装修费	-12,000	
4.16	开荒和保洁费	-300	
4.18	蛋糕模子	-400	
4.18	大熊烤面包机	-8,500	
4.18	小熊烤面包机	-4,000	
4.18	冰柜两台	-7,000	

PART 1　熊妈妈的账本和小熊的第一课

（续表）

日期	项目	金额（元）	注释
4.18	店内桌椅板凳	-1,200	
4.18	收银机	-2,500	
4.19	宣传单设计和印刷	-3,500	
4.19	蛋糕盒子的制作与印刷	-8,000	挂账，账期1个月
4.20	两个小妹的住宿费	-1,000	5月住宿费
4.25	蛋糕制作工具	-1,500	
4.26	一次性餐具	-2,500	
4.27	工作服	-400	
4.28	宣传单的发放	-300	
4.28	人造奶油	-800	挂账，账期2个月（N1）
4.28	高筋面粉	-1,750	挂账，账期2个月（N1）
4.28	低筋面粉	-100	挂账，账期2个月（N1）
4.28	糖	-500	挂账，账期2个月（N1）
4.28	黄油	-2,500	挂账，账期2个月（N1）
4.28	鸡蛋	-270	挂账，账期2个月（N1）
4.28	其他	-1,000	挂账，账期2个月（N1）
5.5	鸡蛋	-180	挂账，账期2个月（N1）
5.5	沙拉油	-350	挂账，账期2个月（N1）
5.25	电费和水费	-1,300	
5.25	煤气费	-600	
5.28	两个小妹的首月工资	-2,000	
5.28	熊妈妈的首月工资	-2,000	
5.31	三个人的饭费	-2,000	3月20日到5月31日

（续表）

日期	项目	金额（元）	注释
5.31	面包片的收入（700袋）	3,850	
5.31	牛角包的收入（3800个）	4,560	
5.31	6寸生日蛋糕销售（98个）	3,528	N2
5.31	8寸生日蛋糕销售（72个）	3,456	N2
总计		28,844	

N1：挂账的原料款将于6月30日之前结清，本期未付款。
N2：在现实的商业环境中，一个成熟的面包店当然不可能只卖这两种尺寸的蛋糕，对于大多数的顾客而言，6寸和8寸的蛋糕也确实不怎么够吃。不过在本书中，为了便于解释成本的核算和盈亏平衡点的道理，我们尽量简化了产品的复杂程度。那么，光顾"酥园"面包店的诸位，就试一试小巧玲珑的生日蛋糕吧。

小熊很快看完了妈妈的账本，抬起头来的时候正好迎上妈妈紧张期待的目光。于是小熊轻轻地咳了咳——这是在公司养成的习惯，有的时候他准备批评哪位倒霉的员工时，也会这样咳一咳，掩饰一下心里的不好意思。

"记得很不错啊，条理很清楚，字写得也好。"这是小熊从洋人那里学到的与人相处之道，不管对方做得如何，先肯定其优点和长处，熟悉小熊的同仁都知道，毫不吝啬的夸奖之后，一般都有一个尴尬的转折。

PART 1　熊妈妈的账本和小熊的第一课

"不过我有三个问题想问问您。第一个问题,您的这四种产品中,哪一种是最赚钱的,哪一种是赔钱的?第二个问题,我看到了每种产品的售价,您能不能告诉我,您定价的原则是什么?第三个问题,从您的账面上看,截止到目前,面包店应该是赔钱的,但是赔了多少钱呢?"

熊妈妈想了想，很坦白地说："第二个问题勉强可以回答，每一种产品的定价都参考了当地超市或者大一点的面包店的价格，在这个参考价的基础上适当降价，让自己的价格更有竞争力，这就是咱家产品价格形成的过程。"

PART 1　熊妈妈的账本和小熊的第一课

小熊的第一课——权责发生还是收付实现？

小熊看了看墙上的表，已经夜静更深了。"我这次回来可以待几天，这样吧，今晚先开个头，给您系统地讲一点会计的基础知识。作为面包店的老板，面包好吃当然重要，但是开店也是为了赚钱啊，要是自己手里有多少钱、赚了多少钱、赔了多少钱都不清楚，这老板得当得多么委屈和糊涂啊。"

熊妈妈听完点了点头，站起身来给儿子的茶杯里续了热水。

"那咱们今天就先讲讲会计的记账原则。"小熊低头喝了一口茶。

"通常而言,有两种记账原则可以考虑。用专业一点的术语说,第一种叫收付实现制,第二种叫权责发生制。目前的会计制度,约定所有的企业都要用权责发生制记账,但在实务中,很多企业选择收付实现制记账,原因稍后咱们再说。这两种记账原则的理论基础其实不太一样,简单地说,流水账式的记账方法就是收付实现,这种方法的优点是简单,您这样的老太太就能记,缺点咱们一会儿再说。而权责发生制则是在产生了权利义务的时候记账,缺点就是您这样的老太太得通过学习后才能使用。它的优点有很多,这是一种规范正确的会计思维,坚持权责发生的观点,可以培养出健康的会计观,对于企业长久的发展大有好处。现在回过头来说说为什么有些企业选择收付实现制。第一个原因比较浅薄,那就是收付实现制比较省事,不需要做专业判断,付钱出去记成本费用,收钱回来记收入,清楚爽利,一个小本子就够了。第二个原因和我国国情有关,有些企业按照权责发生制应该确认收入时,由于客户比较强势,即使企业内部一

PART 1　熊妈妈的账本和小熊的第一课

厢情愿地想确认收入，但是由于对方不让你开发票，那么你的财务账和税务申报后期还要做差异调整。这是一件很麻烦的事，为了让流程简化一些，很多企业就会把发票开具作为收入确认的时点。

"我先给您举个简单的例子吧，您先品品，一会儿您来告诉我这两种方法里面我没说出来的优缺点各是什么。"

老太太斜着眼睛看看小熊："你别也不知道吧。"

小熊听了哈哈大笑，他很欣赏妈妈这样的幽默感，接着说道："我们老大您见过吧，黑了吧唧的那个。"

"记得啊，挺好的孩子啊，他前些日子不是刚得了个老二吗？我记得还是个闺女，你说这孩子命多好，两个闺女，将来老了肯定享福。话说，老大的老二怎么样啦？"

小熊愣了一下，快速定位了一下问题的主语："长得快着呢，都能翻身了。妈，您别打岔，您要是想听他闺女的事回头我让他跟您说。他给您讲他闺女的事比我给您讲会计有动力多了。我们老大不是天天开车上班吗？有一天他要去见客户，我说外面天也不太好，你打车去吧。他说算了吧，我开车才花多少钱啊，

打车比这个贵一倍。妈,您看,我们老大这里用的就是收付实现制的思想。"

"是吗,你们老大不是注册会计师吗?"

"对啊,不知道当时怎么考下来的。妈,您能明白我的意思吗?"

"嗯,说实话没太明白,开车是省钱呀,打车贵

PART 1　熊妈妈的账本和小熊的第一课

着呢。你不是前一段学车了吗？什么时候买车啊？"

"不是把钱借给您开店了吗？我缓缓再说。妈，咱能不打岔吗？您要是再捣乱我可罚您抄会计准则啊，厚着呢。事实是这样的，表面上看，开车是比打车便宜，但是您没算一样东西。"

031

"违章罚款?"

"妈,您真幽默,但是不对。他当年买车支付的车钱没算进去啊。比方说他买车花了10万,这10万不能只算到买车那一年里面的开车成本吧,只要这辆车能开,开一天就得摊一点买车钱,没毛病吧?咱们假定他的车开5年,当时花了10万,5年之后可以

卖 1 万块钱，当然他那个破车也不一定能卖 1 万块钱。那么老大就算不开车，他每天需要摊多少钱的车钱呢？"

小熊在妈妈的记账本上列出了一个算式：

（100,000−10,000）/（365×5）= 49.32（元）

"什么意思呢，也就是说，老大每开一天车，除了油钱，还有您说的违章罚款，还得加上 49.32 元的成本。这样计算就是权责发生制的理论基础。

"下面咱们再讲一个会计的原则，配合您理解权责发生制。这个原则叫作配比 (matching)。配比原则是权责发生制的灵魂。什么是配比呢？很好理解。就是作为一个企业，您每个月取得了多少收入，就一定会发生一些成本与这些收入相对应。这是一对因果关系，花了钱，产生了成本，才能派生出收益。刚才给您讲的买车的例子，就是配比的体现，虽然成本是一次性支付的，但是能享受到的服务或者实惠可能会递延很长一段时间，这个时候，就要把它摊到收益期内的每个月里面去，和当月取得的收入去搭配。从这个例子，很容易总结出为什么收付实现制简单清晰却不能体现业务实质的原因。现在我用刚才说到的'配比'这个概念来检验一下,假定老大买这辆车是为了开网约车,他在买车当月就出去拉活了,马上挣了1万块,那么在收付实现制下,老大在买车那个月的成本是10万块。但是,如果是根据权责发生制,那么他当月的成本就变成了49.32×30=1,479.6(元)。这下您看出来了吧,在收付实现制下,收入和成本'不

PART 1　熊妈妈的账本和小熊的第一课

配比'。"

小熊看妈妈听得有点入神，咳嗽了一声问道："妈，现在您说说，在咱们的酥园面包店里面，哪些成本就像老大的车一样，是需要慢慢摊到各个期间里面，并与各个期间取得的收入相配比的呢？"

妈妈点着自己的账本，认真地数："烤箱算吧？"

小熊伸了伸大拇指："老同志真聪明，还有呢？"

妈妈得到了肯定，回答得更坚定勇敢一些了："冰柜、收银机……"

小熊点点头，心里想也难为妈妈了，到老了还得接受儿子的灵魂拷问。

"对啦，您说的这些都对，您看出来了吗？设备类的资产都需要有'分摊'的概念，才能真实体现它在每一个贡献期间的价值。这就是收付实现制和权责发生制的区别之一。

"它们两个还有一个区别，咱们还是举个例子说吧。我上大学的时候您每个月给我零花钱，我记得，是每个月的5号给我，是吧？"

"是啊，那个时候你还挺懂事的，每次拿到钱还谢谢我呢。"

"我现在也这么懂事。咱们接着说啊,我每个月拿到了钱,就在小本上记一笔,收入1,000元。这就是收付实现。您要是不给钱,我也不记录这笔收入。但是在权责发生制下,每个月5号,甭管您是否给我钱,我都记一笔账,收入1,000元,同时记录应收账款1,000元,表达的意思是,在这个时刻,我已经取得了获取经济利益的权利,只是暂时没有收到钱。对我来讲,虽然我没收到钱,但是我已经取得了向您要钱的权利。"

"嘿,我请教一下,你凭什么取得了向我要钱的权利?"

"我……我让您骄傲了一个月啊。"

"啊哟,这么记账挺一厢情愿啊,我要是否认了你这个权利呢?"

"对啊,要是您硬不给,我也只能默默地承受着,然后把这笔应收账款改记为坏账了。但是我这么记录是符合客观事实和会计准则的。我之所以确认收入,不是因为我收到了钱,而是有证据表明我取得了收钱的权利。至于这笔钱我是不是能收到,那是另外一回事。

"这两种记账原则的区别我讲完了,您受累给归纳归纳吧,优缺点是什么啊?"

"我试一试啊,不一定对。收付实现制的缺点,也是权责发生制的优点,就是企业的管理人员可以在每一个期间看到真实的业务情况,产生了多少收入,发生了多少支出和费用。"

小熊对妈妈的回答吃惊不小,一时间忽然有了为人师者的成就感。"妈,您真棒,一针见血。完全正确。那您再告诉我,您刚刚给我看的这本账,是用什么原则记的?"

"你这么问,那肯定是收付实现制了吧。"

"妈呀,我总算知道我为什么这么睿智了,原来根源在于遗传啊。"

熊妈妈微微一笑:"对,聪明遗传自我,脸皮厚我就不太清楚了。"

小熊伸了个长长的懒腰:"妈,咱今天讲到这里吧,明早我想吃煎饼馃子。"

"行,明早我给你买去。哎,你说煎饼摊是不是用什么原则记账都无所谓啊?他们都是一手交钱、一手交煎饼啊。老陈除了那辆破车和那个煎饼铛,也没什么东西需要摊好几年的啊。"

"咱们就随便聊哈,比如王大爷来买煎饼,放下鸡蛋就去买老豆腐了。这个时候,陈大爷把煎饼摊好了,此时按照权责发生制,陈大爷就应该要确认收入了。不过,您明天千万别去给人家讲课啊。陈大爷脾气不好,据说年轻时候是练梅花拳的,如果您跟他讲

PART 1 熊妈妈的账本和小熊的第一课

了我刚才的话,估计梅花派和太极门要有一战。最关键的是我的煎饼估计就吃不着了。"

PART 2

熊妈妈靠什么打天下——面包店的资产和负债

PART 2　熊妈妈靠什么打天下——面包店的资产和负债

资产负债表是怎么变出来的

小熊早上醒得很早，只为了能够吃上热乎乎的煎饼。他这几年行走江湖，栉风沐雨，走过了很多城市，品尝了很多美味。但是在他看来，还没有哪个城市的早点像家乡的早点一样让自己如此流连迷恋，难以忘怀。

吃完一整套双鸡蛋、大果蓖儿、多放辣酱、不要葱的煎饼，小熊和妈妈坐到了书桌前，继续上会计课。

"昨晚咱们讲了两个会计记账的原则，权责发生和收付实现。以后咱们所有的讲课内容就都是基于权责发生制的啦。"

小熊喝了一口茶，茶泡得正好，妈妈一向知道，小熊只喜欢喝浓浓的铁观音。

"接下来咱们说说记账的方式，会计其实说难也不太难，您可以把会计当成一门语言来学习。语言里有词汇和语法，那么在会计里数字就是词汇，而一些会计规则，就是组织约束这些词汇的语法。这么理解是不是简单一点了？"

"嗯，有点懂，也有点不懂，你知道你妈外语一般。"

"嗯，您谦虚了，我了解您好像根本不会。没事，咱们就这么举个例子，不是为了把道理讲清楚吗？要是我的例子让您更加困惑了，您告诉我，我就照着书念了。"

"那你还是给妈举举例子吧。"

"好。首先，运营一个企业，应该有一个承载在一段时期之内经营成果和财务状况的载体。咱们还用刚才那个学语言的例子。您学了一个学期的外语，现在到期末了，老师怎么检查您的学习情况呢？老师可能会说，大妈，您用您刚学会的外语给我写一篇文章

PART 2　熊妈妈靠什么打天下——面包店的资产和负债

吧。假设这篇文章您不写记叙文或议论文，而是打算写说明文。既然是说明文，那就有套路可循。这样的套路文章在我们会计学里有个名字，叫财务报表。

"财务报表不是孤立的一张表，而是一套表。就咱们酥园来说，咱们有三张财务报表就可以满足您作为股东和主要管理者的使用了。这三张表分别叫作资

产负债表、损益表和现金流量表。(在现实的实务中,很多中小型民营企业的老板只关心业务量和现金流,一套整整齐齐的报表可能只是为了满足报税使用。)这三张表我是学了好几年才学明白的,您一下子听不明白很正常。不过我也总结了一点小小的经验,可以帮助您来理解和记忆。

"咱们今天就先折腾资产负债表和损益表这两张表。我讲的过程中,您要是有任何听不懂的地方,可以随时向我发问。现在,我先问您一个问题,咱们开这个面包店一共投了多少本钱?"

"嗯,我想想啊,用了家里的存款6万,找你借了4万,一共是10万。"

"唉,妈,您别说得那么难听,什么借不借的,那笔钱就是给您的,算是无息不还本贷款。不过今天为了讲课方便,咱们就假装这4万是您找我借的。现在,我画个股本示意图让您感受一下。"

小熊一边说,一边在本子上画了下面这幅图:

PART 2　熊妈妈靠什么打天下——面包店的资产和负债

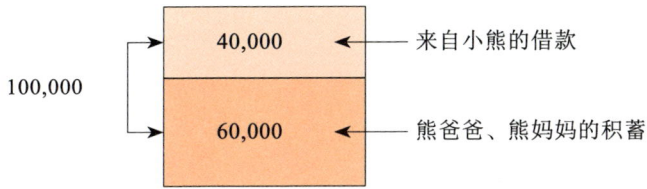

"在会计语言中,上面的这幅图构成了资产负债表中的两个核心部分。请您闭上眼睛,把资产负债表想象成一个两扇门的柜子。您现在需要一点一点地往柜子里放东西。这个柜子的格局很简单,打开两扇门后,左边这扇门里是一层一层的抽屉。右边这扇门里的中间部分有个隔断,上下两层也都是抽屉。好了,您可以睁开眼睛了,不然一会儿睡着了。咱们再来看上面的图,您投入的积蓄6万块钱,放在柜子右边这扇门下面的隔断抽屉里;我借给您的4万呢,放在柜子右边这扇门上面的隔断抽屉里。右边这扇门的两个抽屉各有一个名字,上面的叫负债,下面的叫所有者权益。负债这个抽屉里面还分了七八个小抽屉,所有者权益的抽屉里也有不少小抽屉,这些小抽屉都有名字,咱们稍后一点再讲。您看清楚,这一上一下两个隔断抽屉,就是您'千秋大业'的开始。"

"我怎么忽然感觉这个小店开得这么神圣？"

"负债很好理解，就是您欠别人的钱，欠我的、欠银行的、欠供货商的都算。负债包括什么具体的内容，后面咱们慢慢讲（参见本章"负债其实挺简单"）。我想先和您谈谈所有者权益，假如我什么都不说，全靠您本能的理解，您觉得右下角的隔断抽屉里放的是

PART 2　熊妈妈靠什么打天下——面包店的资产和负债

什么？"

"你刚才不是说放的是我的本钱吗？"

"嗯，对，但是不全对。您刚开始做生意的时候，可以这么理解，所有者权益就是您的本钱。但是等您做了一段时间的生意，所有者权益这个隔断抽屉里面的内容会发生一些变化。除了您的本钱之外，还可能有赚来的钱、别人捐给您的钱、投资人通过增资扩股投进来的钱等。但是不管这些钱是怎么来的，所有者权益都是股东权利。什么权利呢，就是对面包房的净资产控制权。

"柜子右边的隔断抽屉讲完了，要是您听得还算明白，咱们再讲讲左边的？"

"我感觉还行，要不咱们就先讲这点吧，然后咱俩到面包房看看？"

小熊觉得妈妈的建议不错，那天光顾着看新鲜了，东摸摸西看看，并没有了解面包店的经营流程。小熊最近比较注意身体健康，很久没吃牛角包了。据说牛角包里要放大量黄油，他的朋友老王还曾经恶狠狠地说："一个牛角包里面含有10头老母猪的猪油。"他虽然觉得牛角包本包会对此持不同意见，但随着年岁越来越大，明显觉得自己的精力大不如昔，也慢慢注意起自己的身体健康来。

"好吧，那咱们就一鼓作气，把柜子左边的抽屉也讲完。资产负债表，也就是这个柜子，有一个总的原则，就是两边的柜子要一边高。您别笑，它若是真的柜子，这简直是它存在的前提，但是在会计里，很多时候这两边会不一样高，最后都是绝望的会计人员

一个牛角包里面含有10头老母猪的猪油

PART 2　熊妈妈靠什么打天下——面包店的资产和负债

用木头块垫平的。下面咱们用公式来说明一下这个原则，公式是这样的：

资产＝负债＋所有者权益

"理解起来很简单，柜子左边的资产，实际上就是您用右边柜子里，上面隔断抽屉里找我借的钱和下面隔断抽屉里您自己的钱购买的。咱们再继续画图说明。

"在面包店开业之前，资金到位的时候，柜子里面是下图这样的。"

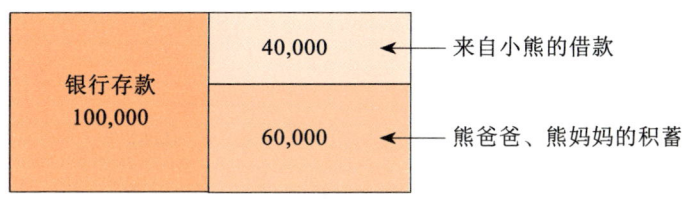

熊妈妈补充说："其实有一部分是入资之后取出来的现金，我买零七碎八的方便，大概有3万块钱。"

"没问题，那咱们修正一下这个图，您在准备开店之前，财务状况是这样的：

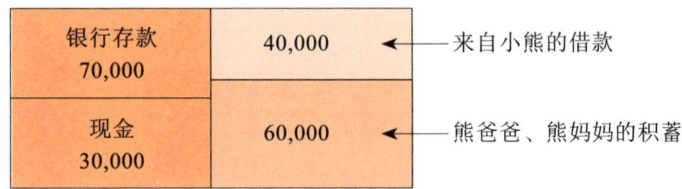

"您看,您自己的本钱和找我借来的钱形成了您的第一项资产——货币资金,它包括两种类型:银行存款和现金。接下来,您会使用货币资金这项资产去置换更多其他的资产。所以,您之后都买什么了?"

"买面包机和冰柜,还有租房子的押金、装修……"

"您别着急,咱们一个一个来,您花这些钱都是用的银行存款吗?还是也有现金?"

"面包机、冰柜和收银机用的是存款,剩下的都是现金。"

"好,这三项支出之后,您的柜子里变成了这个样子:

PART 2　熊妈妈靠什么打天下——面包店的资产和负债

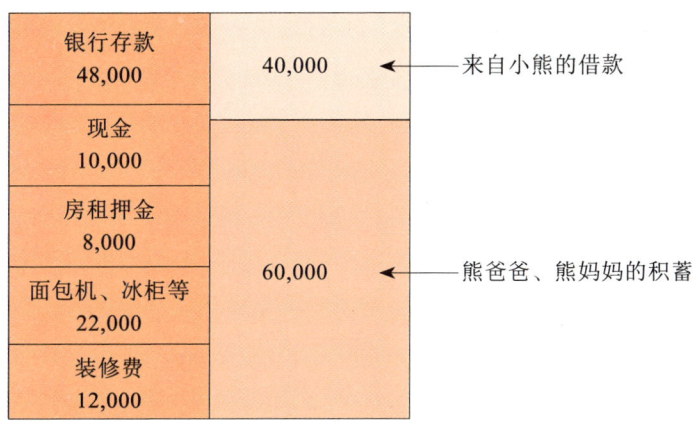

"当然，您可能之后还买了很多的东西，比如原材料，比如一些零碎的工具模具什么的。我这里就不一一分解了。我想说的是，您花钱出去，会产生两种结果。第一种结果是，钱花了，可您并没有换回什么实实在在的东西，比如您交的房租、付给小妹的工资，这些钱在会计上怎么表达呢？咱们一会儿说（参见第三章"固定成本如何影响熊妈妈的心情"）。第二种结果是，您花掉的这些钱换来了一些实物，比如冰柜，再比如您买回来的面粉和黄油，不管是实实在在的大柜子，还是只能收到一张收据的房租预付款，都是由您左边柜子里的货币资金转化来的，柜子左边门里所有的东西都叫资产。冰柜是资产，您预付了三个月的房租，从一定意义上说，也是资产。说到这里，咱们先看看书上是怎么定义资产的。成为资产要符合三个条件：第一个，企业对它有控制权；第二个，是由过去的经济事项产生的；第三个，可能引起未来经济利益的流入。要是您买进来的一个东西满足这三个条件，这个东西就可以叫作资产。

"咱们举个例子帮您理解一下啊，刚才我写房租押金的时候还看见有一笔房租对吧？您说说看，为什么预付的房租也叫作资产啊？"

熊妈妈哗啦哗啦地翻看着自己刚才做的笔记。"熊老师，我觉得吧，你这个问题超纲了，你好像没讲过啊？"

小熊哈哈一笑："谁说的，我讲老大开车的时候，说没说我零花钱的事？道理是一样的。这个房租是预付性质，我还没有开始经营，这笔钱还是我的，我把它付给房东，构成了我的一项权利，什么权利呢？在这三个月里，我是可以控制这项资产的。其他两个条件很好满足，因此，咱们预付的房租也是一项资产，它在左边柜子里有一个专门的抽屉，叫作'预付账

PART 2　熊妈妈靠什么打天下——面包店的资产和负债

款'。凡是预付性质的款项，都是资产性质的。"

"你这里讲的不太对吧？房租不是成本费用吗？"

"您这个问题问得很好，这笔房租是一个三个月期间的资产，当一个月过去，咱们享受完了这个权利，它的资产属性消失了，那么这笔钱的三分之一就要从预付账款这个抽屉转到当期的成本费用中去。换句话说，您消耗了这项资产。我举个不太恰当的例子，您买了一个蛋糕，取得了这项资产，之后您把它吃了，然后去了一趟厕所……那个……它就变成了费用。"

熊妈妈白了小熊一眼，想了想，"扑哧"一声笑了。

"好了，现在咱们的左边柜子里到底有哪些小抽屉呢？我下面帮您分一下：

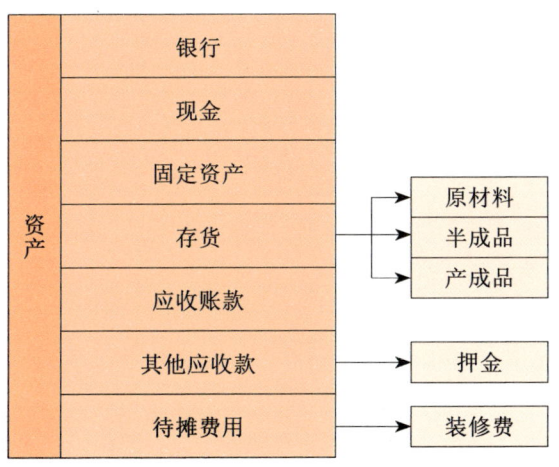

"这些小抽屉叫什么也不是我规定的。现在各个国家的会计准则基本都和国际财务报告准则（IFRS）靠拢，不管您到哪个国家做财务，大家对于资产的分类规则都是一样的。"

"听你讲了这么一会儿，说实话，我很庆幸我到哪儿也不用干财务。"

PART 2　熊妈妈靠什么打天下——面包店的资产和负债

什么样的资产才是固定资产

"银行存款和现金这两个科目刚才咱们讲过啦,二者合起来叫作货币资金。其实货币资金还可以再细分出一些科目来,但是您现在上的是初级班,咱们循序渐进,先了解这两项就可以了。下面咱们再看看固定资产。"小熊喝了一大口茶,苦苦的茶让自己精神一振。自己很久没有这么一点一点地给谁讲过会计了。这么多年来自己每天都接触数字、账本和报表,今天讲课的状态不错,那些数字和概念像清澈的小溪一样缓缓地流过心底，无意间的温故知新倒让自己有了一些新的体会。

小熊上大学的时候很喜欢《碧血剑》，看了七八遍，虽然袁承志黑如老大，倔如驴子，英俊不如杨过，潇洒不敌令狐冲，豪迈雄壮不比乔峰，机智多变又赶不上韦小宝。但小熊觉得袁承志是个心地善良的好小伙，他有志向，但是不藏野心；武功好，但是不喜争斗；为人随和，但是坚守原则。虽然难做政治家，但是可以成为好朋友。小熊觉得，在人生观上，自己和袁承志有很多相似之处。此时此刻，小熊想起书里的一段情节，袁承志放下金蛇郎君的武术秘籍，打坐行功，忽然间如醍醐灌顶一般豁然开朗，学过的武艺一下子融会贯通了，睁眼一看，已是红日满窗。小熊暗想，只怪袁承志的老娘离世太早，如果老太太还健在，突发奇想准备开一间武馆，也许袁承志不用靠金蛇郎君，也可以参透无上武学。

"顾名思义，固定资产就是价值和存在形态都比较固定的资产。由于它们是企业进行生产的主要动力，在会计上，我们就把它们归为一类，统一命名和管理。在这里需要说明的一点是，拥有这些资产的目

PART 2 熊妈妈靠什么打天下——面包店的资产和负债

的是进行生产,而不是将其进行销售。不然就是存货了。"

"多少钱的资产可以算固定资产啊?"

"妈,我发现您挺会问问题啊。"

"是吗,你爸也这么评价我。"

"您是不是误会了很多年,一直以为他在夸您?"

您是质问

"数你话多,说正文儿!"

"得嘞,先回答您的问题。会计原则一般不规定多少钱的资产才够格称为固定资产,既然是会计原则,说的肯定也是最粗略、最概括的一个总体思想。所以只要估计合理,企业都可以自己规定一个固定资产的入门价值,这才讲道理,对吧?

"咱们举个例子,要是会计原则也规定这个固定资产的价值,假定是单位价值10,000元以上吧,那咱们可能也就是两三项固定资产。要是拿这个条件去要求中石油,可能人家就有点不高兴了,他们的一台设备就好几十万呢。拿10,000块钱去约束人家,简直就是骂人。所以,会计上不会硬性要求固定资产的定义价值,一般只会规定固定资产的使用年限,要求至少是12个月以上。

"但是税法层面还是要考虑到,如果不确定一个固定资产的认定标准,那么企业在进行纳税申报前,计算折旧时把握的标准就会不太一样。因此在税法的实施细则中会规定一个大家便于遵照执行的水平线,之前是2,000元,2014年的时候这个标准修订过一次,改为了5,000元。原文是:第三条,对所有行业企业

> PART 2 熊妈妈靠什么打天下——面包店的资产和负债

持有的单位价值不超过 5,000 元的固定资产,允许一次性计入当期成本费用在计算应纳税所得额时扣除,不再分年度计算折旧。[财税(2014)75 号]

(注:为了本书内容前后逻辑一致,后文仍然按照单位 2,000 元以上即作为固定资产管理的口径。请记住,这只是一个数字,如果大家可以了解到这个数字的真义,那么数字本身一点也不重要。)

"有了固定资产就会涉及折旧的问题,这个问题说来话长,咱们留到后面再说。"(参见第三章"固定成本如何影响熊妈妈的心情"。)

/ 面包店里的存货 /

"现在咱们说说存货。存货是个特别复杂的话题,我之前上学的时候最怕这个科目,上了班以后又怕公司派我去做这个科目。"

这样的注解勾起了熊妈妈的好奇心:"那你给妈讲讲,我倒要看看什么内容能让我儿子为难成这个样子!"

"您要是实在听不懂也别哭啊!我今天只讲一点。咱们后面讲成本结转的时候还得细细地讲呢。"

"喊,你妈什么时候因为学习的事哭过

PART 2　熊妈妈靠什么打天下——面包店的资产和负债

啊,你以为我是你三姨吗?我要是听不懂,大概率是你讲得不行。"

"妈,您别这样啊。您看我手心都出汗了,我这个老师当得太难了。存货这个科目要说简单,其实也不难,今天先讲明白它是个什么东西。再举个例子吧,这回咱们去吃涮羊肉。涮羊肉一般是三步:第一步,

把新鲜的羊肉片端上桌；第二步，把肉片放到锅里；第三步，把涮好的肉放到面前的调料碗里。假定咱们点了 2 斤羊肉，吃到半截儿要做个盘点，大家都停下筷子不许动。一查点，盘子里的生羊肉还有 3 两，锅里半生不熟的肉有 2 两，您眼前的小碗里有 1 两。这说明什么情况？"

PART 2 熊妈妈靠什么打天下——面包店的资产和负债

"说明你吃了不少?"

"哈哈,妈您总是不遗余力地嘲讽我。咱们在这里主要希望讲明白存货到底是什么,以及存货到底都包括什么。在上面的例子里,按照存货的分类方法,生羊肉算作原材料,锅里的算半成品,您盘子里的算产成品,您肚子里的就算销售出去的产品了,您站起身来走掉了,桌子上剩的就是您报表上的存货。"

"你这么说我就明白了,那我做蛋糕的戚风蛋糕就算是半成品,买来的面粉就是原材料。"

"完全正确,存货同样满足资产的三个定义。所以,存货是一种很重要的资产。至于它在形成产品后如何结转为生产成本和销售成本,咱们后面再说。"

"这就讲完了?不是说挺难的吗?没觉得啊?"

"您这嚣张的样子真让我气愤,那咱们下面讲讲金融衍生工具和套期保值的会计处理吧。"

"别呀,你讲这个我都困得不行了。"

待摊费用和预提费用是一对龙凤胎

"好吧,那咱们下面讲一个简单的科目调节一下沉闷的气氛。这个科目叫待摊费用。我上学的时候最怕这个科目,后来上了班,也特别怕被抽中做这个科目。"

"这套台词耳熟啊。"

"是吗?那好吧,这个科目是第二难的。我开个玩笑,这样您就不困了。其实待摊费用是一个既简单又好玩的科目,它还有一个

PART 2　熊妈妈靠什么打天下——面包店的资产和负债

龙凤胎的妹妹,放在柜子右边隔断上面的抽屉里——还记得吗,那是放负债的地方。它的这个妹妹叫预提费用。开始这两个科目我总是搞混。后来我追忆了小时候的一个故事,就彻底记住了。"

"哦,我又干了什么让你耿耿于怀30年的事?"

"哈哈,您言重了,雷霆雨露我都坦然接受。您

还记得吗,我上小学时特别喜欢喝一款叫健力宝的饮料。"

"记得啊,挺好喝的,有点像芬达,不过没有那么甜。"

"那时几乎每个夏天,您都会给我买几箱健力宝,但是每天只许喝一罐。这样不得人心的政策您还记得吧?"

"哦,是有这么回事。我解释一下,当时的考虑是这样的,那时咱们家不宽裕,我要是不制订这样的政策,以你的消耗能力,一天能喝一箱。直接的后果就是,你喝健力宝,我跟你爸喝西北风。"

"妈,夏天没有西北风。行吧,咱们言归正传啊。这个故事体现的就是待摊费用的精神。我每次买一箱,花了一箱的钱,但是这笔花出去的钱受益期很长,需要一点一点地摊完。每箱健力宝24罐,我分24天喝完。所以我所支付出去的一箱的钱要在24天之内摊销完。对于一次性支付的这一箱饮料的钱,虽然钱付出去了,但是我保留了对这24罐饮料的控制权。此外,您还记得资产的另外两个定义吗?一个是由过去的事项而产生;一个是未来可能有潜在的经济

PART 2 熊妈妈靠什么打天下——面包店的资产和负债

你喝健力宝,我跟你爸喝西北风

利益流入。全都符合吧?所以这个科目是一个资产科目。每一天,我消耗掉一罐健力宝,对应的这部分资产也被消耗掉,变成这一天我的成本。以此循环,我支付的这 24 罐饮料的钱所换回的资产在 24 天内平均消耗,分别计入每一天的生活成本。这就是待摊费用的概念。"

"那预提费用呢?我倒是很好奇你打的那个龙凤胎的比方。且慢,我先自己想想。你说的,它和待摊模样相似,那也一定是集中起来的一笔钱;又说一男一女,性别相反。既然待摊是先花后摊,难道预提是先攒后付?"

"我得奖励您一朵小红花,不仅是因为您回答正确,更重要的是,您主动思考了,并且思路很清楚。"

"那是,好歹也是四大家属,不能给你丢人。"

"中注协真应该设一个奖颁给年过花甲还坚持学习会计的叔叔阿姨。把话题转回来,您说得不错,首先预提费用是个负债科目,和待摊费用的性质刚好相反。咱们还说健力宝,话说我爸那天开了工资,钱还没焐热乎,您就拿出了50块,放在了冰箱的抽屉里准备让我买健力宝。"

"我为什么要把钱放到那么别致的地方?"

"可能是为了防盗吧。"

"呸,家里那点钱我也就防防你,再说了咱家也没困难成那样。你这么说,你爸可能不高兴。"

"这不是打比方吗?然后您跟我说:小子,你每天可以去买一罐健力宝,晚上妈妈给你报销。您提前

PART 2　熊妈妈靠什么打天下——面包店的资产和负债

准备出来的这笔钱，就是预提费用。例子说完了，咱们再说说书上的定义。一般来说，企业预提的租金、保险费、利息、固定资产修理支出，都可以放在预提费用里面进行核算。2007年会计准则实施了改革，改革之后，刚才咱们谈的这两个科目都不在报表中出现了，但是不是说它们被取消了，凡是符合这两个科目性质的交易，还是可以以'预付'或者'应付'的形式体现在报表上。其实老外的财务报表上，对待摊费用的描述就是'prepaid expense'，翻译成中文就是预付费用。所以名字虽然不一样了，意思还是那个意思。我给您讲这两个科目的目的，还是希望您能对此类业务的实质有所了解。这个也是帮助您理解，所谓的会计原则一定有道理蕴含其中，并不是政府强制规定的，而是理所应当如此。如果您记了一笔账，但是从道理上讲不通，那只有一种可能，就是您记错了。

"咱们再返回来说说待摊费用，其实这个费用还有一个大哥，也放在资产这边，叫长期待摊费用。对于长期待摊费用，一般都放在企业的开办费里。不过2007年的时候会计准则改革，在新的会计准则下面，开办费一般都直接费用化了，无须放在长期待摊项目下核算了，您知道有这个事就行。按照最新的会计准则，长期待摊费用科目仍然保留，主要用来核算经营租赁的固定资产的改良支出，咱们这个小店，暂时还用不上这个科目。"

"那什么费用可以算开办费啊？"

"您别急，我这就讲。顾名思义，开办费就是您为了开办一个企业而发生的相关费用。咱们回到您的账本上啊，什么工商登记费啊，简单的装修费啊，保洁开荒、买衣服、做灯箱、印刷广告等等，都可以作为开办费列示。刚才我说啦，原来这些费用是需要按照一定期间，比如5年，一点一点摊完的，但是新的会计准则有所变化。您开业初期发生的这些费用，不用一点一点摊了，直接就可以算当期的费用。

"还有一个问题，开办费核算的会计期间是什么。书上说的是，企业正式开始经营之日起之前的符合条件的费用都可以称为开办费。那么什么时候才叫企业的正式开始经营之日呢？妈，咱们的酥园什么时候开的张？"

"五一啊，那天把我们忙忙的，过了一个实实在在的劳动节。"

PART 2　熊妈妈靠什么打天下——面包店的资产和负债

"好,从会计的角度看,我们五一之前发生的符合条件的费用都可以计入开办费。但是从实务上讲,税务机关对开办期的核定是企业开出第一张发票之日,但是这个规定其实不太适合咱们这个行业对吧,摊煎饼的陈大爷来买蛋糕,我估计您也不会给他开发票。那咱们就按照会计上的规定,5月1日之前的符合条件的费用都可以认定为开办费。咱们看看都有哪些:

属于酥园面包店开办费的项目

日期	项目	备注	金额(元)
3.27	工商执照办理费		-800
4.5	面点师培训费		-2,500
4.12	灯箱制作费		-2,800
4.15	简单的装修费		-12,000
4.16	开荒和保洁费		-300
4.18	蛋糕模子	*	-400
4.18	店内桌椅板凳	*	-1,200
4.19	宣传单设计和印刷		-3,500
4.19	蛋糕盒子的制作与印刷	*	-8,000
4.25	蛋糕制作工具	*	-1,500

（续表）

日期	项目	备注	金额（元）
4.26	一次性餐具	*	-2,500
4.27	工作服		-400
4.28	宣传单的发放		-300
5.31	三个人的饭费	（N）	-1,138.89
总计			-37,338.89

N：面包店于五一开业，那么发生在开业前的饭费为 2,000/（11+30+31）× 41 = 1,138.89

* 为低值易耗品，在领用时一次性摊销，为简化核算，视同在开办期领用。

"以上的这3万多块钱就是您的开办费，根据会计准则，您可以把它统统算到5月份的费用里面去。"

PART 2　熊妈妈靠什么打天下——面包店的资产和负债

其他应收和其他应付是两个筐，什么都能往里装

"下面的这两个科目又是一对龙凤胎。妈，您是不是困了？"

"嗯，还行，你也喝点水。话说你在外面讲课也挺辛苦啊，我原来还以为你山南海北地扯一会儿就能把钱挣了呢。"

"哎哟，妈呀，要是在旧社会，我这也叫吃开口饭，不容易着呢。而且众口难调，你讲得郑重，有些人就说你讲课死板，枯燥

难懂；讲轻松了，又有人说你嬉皮笑脸不专业。说少了，有人说你混时间骗钱；说多了，有人理解不了就说你讲得不行。上次我去上海、深圳讲了四天课，天天饭都吃不下去。现在岁数越来越大，我是实在有点讲不动了，这不是打算退隐江湖了嘛，这半年请我讲课的都被我客气地回了，这么论起来，您得算是我的关门弟子。"

PART 2　熊妈妈靠什么打天下——面包店的资产和负债

"行,以后你每次回家我都给你关门!"

"关门弟子的关门是我关门好吗?下面,咱们再讲一对龙凤胎,一个叫作其他应收,属于资产类科目,放在柜子左边的抽屉里;另外一个是其他应付,属于负债类科目,放在柜子右面隔板上边的抽屉里。

"其他应收里放什么呢?咱们回到您的账本,我看到有一笔面包房租金的押金,8,000元,这个就可以放在这个科目里面,您想想看,这笔钱为什么算资产?"

"资产定义的三个条件嘛,第一可以被我控制,不对啊,现在钱都不在我手里了,还能叫被我控制?"

"妈您说得也对也不对,我说的控制的范围宽泛一些,不止指您真的手里拿着这笔钱,这钱就算给出去了也是您的钱,您仍然对它有控制。您看,表面上看,现在您也不直接控制我,但是肯定还保有随时揍我的权利,对吧?"

"对,但是我没觉得你是我的资产啊,我这么多年对你无私投入,我感觉你是我的负债啊。我这是还债来了。行啦,咱们接着说资产的判断吧。第二个条件是由过去的经济事项产生,租房子是过去事项嘛,也对。第三个条件是未来可能带来经济效益，不太理解。"

"是啊，但是您不干了的时候，这笔押金不是还得退还给您吗？"

"哦，这样解释好理解多了。"

"嗯，反正会计准则是这么规定的，您理解也得执行，不理解就在执行的过程中慢慢理解。除了房屋的租金之外，还有什么样的业务可以在其他应收款项这个科目下核算呢？我列了一个表，咱们一块儿来看看。

其他应收款项下核算的业务

应收的赔款和罚款
应收的包装物的押金
向职工收取的各种垫付费用
备用金

"对于上面说的这些业务，咱们的小面包店一时半会儿也涉及不到，等未来上市的时候再讲，今天咱们就不细说了。从上面介绍的这些主要业务您应该能

PART 2　熊妈妈靠什么打天下——面包店的资产和负债

看出来，其他应收款不涉及主营业务，如果哪个顾客欠您面包钱，咱们是不能通过这个科目来核算的。与之相类似，其他应付款也是一个尴尬科目，本身不记录主要的业务负债，比如您欠人家的面粉钱和人造奶油钱，是不在其他应付款里面核算的。这个科目只用来记录一些零星的、不常发生的负债交易。会计书里，是说应该在其他应付账款科目里面核算的业务的，看下表。

其他应付款项下核算的业务

经营租赁租入的固定资产和包装物的租金
职工未按时领取的工资
应付职工的临时款项

"这两个科目就讲完了，我们业内人士用一句俗话说这两个科目的性质，叫作：'其他应收应付两个筐，乱七八糟全都装。'当然，您从上面我和您介绍的这两个科目的核算内容里是看不出来这一点的。书嘛，尽信书不如无书。在日常的实务操作中，很多会计都喜欢把一些不知道往哪里放的业务全塞到这两个科目里面。您在用这两个科目的时候也尽量小心，别

什么业务都往里面放。这几年最常见的,是企业需要用钱,老板又懒得增资扩本,于是借一笔款子进来,这笔钱会计无处可记,只好放在其他应付款里。但是这样的账项不正常,如果企业经营不好,这个负债科目就像滚雪球一样越来越大。我以前看过一个特别极端的情况,由于这个科目积累的负债太多,企业已经资不抵债了。"

"那我怎么知道这个业务是不是能放在里面呢?"

"很简单,您给我打电话吧,我不收您的钱。"

PART 2 熊妈妈靠什么打天下——面包店的资产和负债

负债其实挺简单

小熊的家里有数个高大的书架倚墙而立，围起一方风雅的小天地，里面大半的书都是小熊大学期间省吃俭用买下的。除去历史书和小说，小熊的藏书也包括一些陈旧的专业书，不过所谓陈旧也只是版本陈旧，书的内页大多崭新，由此也可以看出小熊在专业课上的用功程度，专业书的字里行间偶尔出现一些曲线和惊叹号，旁边多半会附带一句或两句简短的注解："必考！！！""理解即可。""肯定不考！！"写着"肯定不考"的注解旁边还有几笔勾出的一个笑脸，以突出主人的喜悦心情。小熊为了能给妈妈把课讲得系统一些，没事的时候也翻翻这些课本，也常常为了自己多年前的一个记号回忆起很多人和事。小熊毕业多年，回过头来也会偶尔检讨教育体制这样宏观的问题，常常感叹本

实践是检验真理的唯一标准

PART 2 熊妈妈靠什么打天下——面包店的资产和负债

学科所学之有涯与本学科所习之无涯，实践确实是检验真理的唯一标准。如果没有这几年的深入实践，那么浅出讲解也根本无从谈起。

"咱们下面再谈谈负债吧，先说一句题外话。还记得咱们那天说的资产负债表吗？资产负债表是个两开门的柜子，左边的柜子是资产，是咱们拥有和控制的资源，它们可以在今后给咱们带来经济效益；柜子的右边分上、下两层，分别叫负债和所有者权益。您可以这么理解，负债就是您欠利益相关各方的钱，比如供货商、员工、政府、银行等；关于所有者权益，您不要简单地理解为这就是您的钱，而要理解为这是企业欠股东的钱，如果我借给您的钱不算借款，而是投资，那么所有者权益里面就有我应得的部分了，对吧？我画了一幅图，演示一下这个柜子的构造：

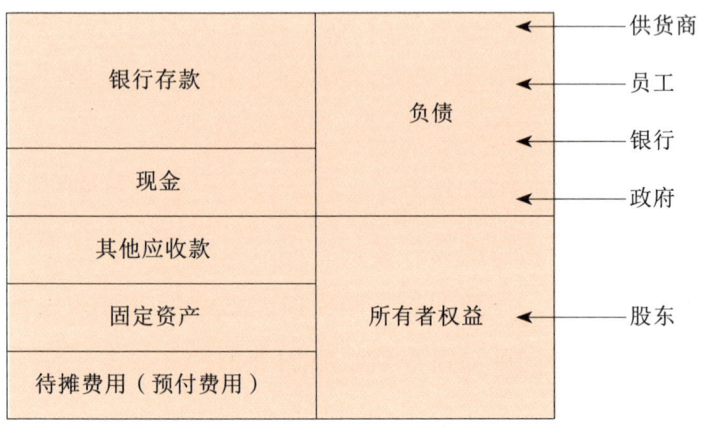

"左边的资产项目咱们大部分都讲过了,我把业务和相关的会计科目都一一对应标注了。咱们下面说说负债的主要内容。妈,咱们再坚持一下啊,今天的课有点长,我估计您也累了,不过行百里者半九十,黎明前的黑暗最黑暗,咱们把负债讲完,今天的课程就结束。"

"没事没事,你讲课的都没说累,我听课的就更没问题了。不过内容太多,我现在脑子有点乱,估计得慢慢消化消化,你别嫌你妈笨就行。"

小熊听到这里,看看妈妈的笑脸,鼻子微微有点发酸。小熊到牛市工作好几年了,熊妈妈养成了一个

PART 2　熊妈妈靠什么打天下——面包店的资产和负债

习惯,每天晚上都会给小熊打一个电话。有时候小熊正在和客户周旋,有时候正在为报告的事情发愁,有时候正在和姑娘花前月下,有时候正在和哥们儿喝酒谈天……太多的有时候,小熊都只是匆匆应付妈妈几句,告诉妈妈一切都好,什么事都没有,自己还在忙着。尽管这样的敷衍不是故意的,但是语气通常都带着点不耐烦。可是妈妈从来都没有指摘过小熊的语气和态度,妈妈总是说:"我没事,就是问问你吃了没有,自己在外面,吃好一点,多喝水。"这些话每天都说,一说开头,小熊就能知道结尾。不过,此时小熊想起这些话觉得格外亲切。自己真不是一个好孩子。想到这里,小熊忽然涌起了久违的惭愧。

"妈,您别这么说,我讲得本来也不怎么样。您这么大岁数了,学得这么快,我已经很欣慰啦,就今天咱们讲的这些东西,我大二的时候都还没弄明白呢。"

"啊?我供了你两年你就学了这么点东西啊?我记得你那时候挺忙的啊,周末都不回家,总说功课忙。一回家不用问,肯定是没钱了。"

"妈,我们那个时候还学'马哲、毛概、邓论'

什么的呢，还得过英语四六级呢，还得参加社团活动什么的。"

"参加了半天社团也没见你带什么漂亮姑娘回家啊。"

"妈，您又来了，我参加的都是正经社团好吗？再说，我们那个社团成员本身的质量也不行啊，我也

没见你带漂亮姑娘回家

PART 2　熊妈妈靠什么打天下——面包店的资产和负债

不能饥不择食嘛。您看我刚夸完您,怎么反而喀喀的倒退了?"

"我活跃一下气氛嘛,这不就不困了嘛,继续继续,不就是负债吗?"

"行行,咱们继续讲课啊,负债理解起来是最简单的,就是欠人家的钱嘛。不过这个钱都有一个时点的递延,换句话说,负债核算的都是应该付给人家,但是还没付的钱。所以这个时候负债对应的现金或者银行存款还没有支付给人家。咱们刚刚开始讲权责发生制的时候我给您举过一个例子,每个月您都给我零花钱,要是您还没给,您可以记在其他应付款里面,表示您欠我的;您也可以记在预提费用里面。

"咱们回到您的账本里面去,看看您有哪些负债项目:

熊妈妈账本负债项目

日期	项目	金额(元)	注释
3.24	个人借款(小熊)	40,000	
4.19	蛋糕盒子的制作与印刷	8,000	挂账,账期1个月
4.28	人造奶油	800	挂账,账期2个月
4.28	高筋面粉	1,750	挂账,账期2个月

(续表)

日期	项目	金额（元）	注释
4.28	低筋面粉	100	挂账，账期2个月
4.28	糖	500	挂账，账期2个月
4.28	黄油	2,500	挂账，账期2个月
4.28	鸡蛋	270	挂账，账期2个月
4.28	其他	1,000	挂账，账期2个月
5.5	鸡蛋	180	挂账，账期2个月
5.5	沙拉油	350	挂账，账期2个月
总计		55,450	

"从您的账本上看，现在这5万多块钱就是您的主要负债项目。其中，4万块钱是借款项目，其余的都是您欠供应商的钱，可以在应付账款科目里面核算。

"另外，还有两个主要项目：一个是应付工资，这个是您提出来要支付给员工的钱。一般来说，有两种情况需要考虑。一种是工资当月月底发，如果是这样的话，那么当月的资产负债表日应付工资科目的余额应该为0，工资都发出去了嘛。还有一种情况，就是当月的工资次月月初发，比如5月的工资6月月初

PART 2 熊妈妈靠什么打天下——面包店的资产和负债

发,如果是这样,5月底的负债项目里就能看到应付工资还没付出去呢。妈,咱们面包店怎么发工资?"

"咱们一般都是当月发当月的,那两个孩子也不容易。"

"哦,那样的话,您5月的负债里面的应付工资的余额就是0了,因为您在月末最后一天,也就是资产负债表日之前,已经把工资发放完毕了。应付工资之外是应交税金,这个是欠国家的钱,您开了店,挣了钱,也要缴足相关的税款。您这个小面包店主要涉及的是流转税和所得税两个大类的税,从您准备的这本账来看,您现在还没有任何利润,所以在这一期的财务报表中不体现应交税金。今后您的生意赚了钱,我再给您讲讲税收筹划。虽然不一定要成为税务专家,但是了解一点税务常识,知道一点税收筹划的技巧,绝对没坏处。"

"偷税漏税可不能干,咱们既然干买卖,就不怕交那点税。"

"妈您说得真好,下回对着您的专管员说,他肯定表扬您。咱们不偷税,但是也要讲点合理的避税,经过合理的税务筹划,可以让咱们在遵守税法的条件下实现税收最优。"

"对了,你说我每个月也有退休工资啊,怎么不交税啊?"

"那是您的工资太低了,还没到起征点吧。"

PART 2　熊妈妈靠什么打天下——面包店的资产和负债

资产负债表的草稿

写写画画，讲讲说说，不知不觉一上午过去了。小熊伸了伸懒腰，放下笔，对妈妈说："妈呀，咱们主要的资产和负债项目都讲完了。不知道您是不是大概对资产负债表的组成有了一个初步的认识。资产负债表这个柜子里面放的内容就是您截至目前的财务状况，当然它不够全面，还需要有另外两张表进行补充。但是您据以运作企业的资本、您承担的债务和可支配的资产都可以很清楚地从这张表里看到。我给您准备了一张截至

2019年5月31日的资产负债表，里面的数字还没填，因为存货的数字咱们还不知道，回头不是还要去盘点存货吗？到时候咱们再把这个数字补上。我做出来的这个表只是一个草稿，您大概看一下就行。

资产负债表

2019 年 5 月 31 日

			负债	期初数	本期期末数
现金			应付账款		
银行存款			其他应付款		
其他应收款			短期借款		
预付费用			预提费用		
固定资产			应付税金		
减：折旧			应付工资		
固定资产净值					
存货			所有者权益		
总资产			实收资本		
			盈余公积		
			未分配利润		
资产总计			负债及所有者权益总计		

PART 2　熊妈妈靠什么打天下——面包店的资产和负债

"资产负债表的模样就是这样的,白色的部分是资产部分,您想想咱们讲过的那些资产科目和资产的定义,这是柜子的左边;深色部分是负债,这个咱们刚刚讲过,您的印象应该很深,想想看,都有哪些项目可以称作负债?浅色部分是所有者权益,还记得

吗？这是公司欠股东的钱，如果有利润，有两个去向，一个是存留在企业内部，继续发展，那就放在盈余公积里面；要是股东要求对利润进行分配，那么在分配之前，等待分配的钱就放在未分配利润里面。

"好啦，您的资产和负债状况咱们就都说完啦，我饿死了，妈，咱吃什么啊？"

"熊老师辛苦啦，我给你准备了新出炉的牛角包，管够！"

"老王说一个牛角包里至少含有10头老母猪的猪油。"

"这孩子没头脑啊，那样的话你妈早就赔死了，这成本也太高了吧。再说了，我也没地方给你找这么多头老母猪，你以为你妈是开养猪场的吗？"

PART 3

怎么开店才能赚钱

PART 3　怎么开店才能赚钱

质量好的店才是生意好的店

吃过午饭，小熊和妈妈来到了面包店，午后没什么生意，两个小妹在收拾店面，熊妈妈带着小熊前前后后转了转。一切都收拾得井井有条，这是小熊所熟悉的妈妈的风格，这样有条理、有秩序的生活习惯对小熊的影响十分深远，小熊一直觉得良好的生活习惯能对工作产生积极的影响。

"妈，咱们这个小店收拾得挺干净啊，我觉得除了门口的灯箱有点恶俗，其他各个方面一点都不逊色于好来啊，味美那些店。而且您找的这些姑娘也不错啊，看着机灵但是不油滑。"

"灯箱上的字可是你爸写的,颜色也还不错啊,温暖明亮的金黄色。"

"您把这种黄色叫金黄色是吗?我一直都把它叫大便黄。"

"这孩子,你注意素质啊。还读书人呢!"

"好吧好吧,您可以参考一下麦当劳的那个黄色,或者,干脆咱们用明黄得了。对了妈,咱们的牛角包多少钱一个啊?"小熊一边说话,一边认真看着面包柜里刚摆上的牛角包。

"1块2一个。我现在摸出规律来了,每天就做100多个,尽量不让面包过夜。"

"不错不错,质量控制这一关一定得过硬。我前些日子去日本,每天晚上都去附近的一个超市,7点半的时候,就到寿司柜台那儿等着。那个超市8点关门,7点半到8点期间所有的寿司都会打折卖,有五折的,有六折的,超级便宜。所有的寿司都是当天的,因为根据店里的规定,寿司绝对不过夜。"

"哟,我儿子会省钱啦?"

"妈,我也不是光为了占小便宜,关键是一待一

PART 3　怎么开店才能赚钱

个多月，除了拉面就是拉面，还号称中华拉面，就算是个山西人都得吃吐了。寿司还可以，好吃还健康，除了太贵以外没什么缺点。而且，也不光我一个人在那儿买打折寿司，我常常混迹于一堆日本家庭妇女中间，挑选寿司之余偶尔相视一笑，气氛还是很温馨的。言归正传，咱们不敢说一定要成为伟大的企业，至少得成为一个有调性的企业。"

"伟大企业什么的我真没敢想，我开这个面包店也不单纯是为了挣钱。就是觉得吧，活了这几十年，半截子已经入土了，还从来没由着自己的性子干点什么。一辈子上班下班，老公孩子，就这么过去了，一点痕迹都没留下，太遗憾了。至于卫生、质量什么的，这你尽管放心，就算不做伟大企业，也得做一个有良心的小店，每个进到店里来的顾客，不要把他当成普通的消费者，就把他当成你楼上楼下、每天低头不见抬头见的邻居，一颗心就放平了。你妈这么大岁数了，不能让邻居在背后指指点点的，说咱们掉到钱眼儿里了。"

"妈，您说得真精彩，我现在对面包店的发展特别有信心。这几天正好是月初，咱们哪天有时间，一起盘点一下存货，如何？"

"可以啊，咱们每天都是晚上 10 点关门，盘点那天就 9 点关吧，然后咱们一块儿盘点，说实话，我还真不太清楚原料还有多少。"

"嗯，我觉得您关店的时间稍微晚了点，以后可以提前一个小时，咱们也不可能把每笔钱都挣了。存货的盘点有一个大学问。现在咱们还是回家去吧，继续梳理梳理成本的问题，看看您每个月要怎么卖才能赚钱。"

走在回家的路上，小熊忽然想到什么："我爸怎么现在总也不回家吃饭，这么多应酬啊？"

"不知道，其实回家吃饭多好，我还怕他吃烦了，特意买了各种果酱和花生酱，让他配着面包吃。"

"哦，您这么解释就合理多了，现在我明白我爸为什么不回来了，您活活把一位老同志吃伤了。您要是再这么给他吃面包，我估计我爸得离家出走。"

PART 3　怎么开店才能赚钱

直接成本/间接成本与 VCD的关系

"妈,我想先了解一下您主要产品的成本构成,您目前主要有几种产品啊?"

"现在主要有三类产品:第一类是牛角包;第二类是吐司面包;第三类是蛋糕,按照尺寸分成两类,6寸的和8寸的。"

(注:现实的面包店里当然不可能只有这寥寥几种产品,在以居民小区为根据地的面包店,一定还会做一些蜂蜜蛋糕、鸡蛋糕、

核桃酥之类的低价产品，这样居民区里的大爷大妈才会忠实地光顾。这里为说明成本核算的道理，对面包店的产品种类做了简化。我们当然也希望，在现实生活中，即使熊妈妈只卖这几种产品，酥园的生意也能红红火火。）

"好，那您都知道这些产品的单位成本吗？"

"你这个问题问得很好，我不知道。"

"妈，您回答得倒是挺理直气壮啊。那您怎么核算成本，怎么知道您这一个月挣了多少钱呢？"

"妈妈有办法啊，我每采购一笔原材料，都会记在小本上，到了月末，看看还有多少富余的原材料，然后用倒挤出来的原材料除以一个大概的销售数量，就知道面包的单位成本啦。"

"哦，您还真有办法，不过这种办法太粗放，为什么呢，有两个主要原因：

"第一，这样倒挤耗用的原材料法忽略了原材料毁损、丢失这些非正常因素的存在。拿您的面包店来说，您的面粉、黄油、鸡蛋难道不怕老鼠偷吃吗？难道不怕您不在的时候，小妹拿了店里的鸡蛋去摊煎饼吗？万一家里的鸡蛋没了，难道您保证不会从店里拿点吗?

"第二,这样的成本计算方法适合单一产品。咱们假设我刚才说的情况都不存在,也就是说,您期末剩下的原料加上您本期耗用的原料恰好就是您本期采购的原料。如果您只生产一种产品,那敢情好,直接拿本期耗费掉的原材料除以销售额,您就能知道单位产品的成本了。但是,咱们店可有好几种不同的产品啊,试问您怎么把这些原料分摊到不同种类的产品中去呢?不能客观分摊导致的直接后果是:您都不知道哪种产品更挣钱,或者说,缺乏客观定价的基础。

"还有第三,您现在所说的成本只是原材料成本,说起成本构成,可没那么简单啊。"

"嗯,我觉得你说得有道理,我这不是第一个月嘛,还在摸索经验,我们拳队的姐妹们也想不出什么好主意来。你说的这些问题我还真没想到。"

"没关系,妈,您也不用担心。我索性晚回去几天,帮您把成本核算的框架搭起来。我还想再问问,除了刚才咱们说的这些原材料,咱们还有什么成本项目呢?"

"嗯……煤气、水、电得算吧,还有房租、小妹的工资和住宿费……"

"您且慢。"小熊打断了妈妈,"您说的这些也都对,不过您说的这些成本额怎么分摊到您的每一个面包上去呢?它们和原材料成本又有什么关系呢?"

妈妈摊了摊手:"怎么,财务专家全都是你这样的大嗓门加急脾气吗?"

"哈哈,我错了,我问您这几个问题,其实是想看看是不是需要从头讲起。"

"你还是从头讲吧,妈妈肯定认真听讲,不过你要是再扯着嗓门跟我喊,你的晚饭就只有面包和花生酱。"

"哈哈,妈,您也是这么威胁我爸的吗?"

"你的待遇好一些,好歹是新烤的面包。你爸吃的都是头天的。好啦,你现在可以开始讲了。"

"首先,按照产品的产量对成本的影响程度,咱们把成本分成两大类:变动成本和固定成本。这两个名词有点难,我先给它们一个定义,然后给您举一个例子帮助您理解一下。

"顾名思义,变动成本就是可以随着产量变动的成本,生产的产品越多,变动成本就会越高。我可以

PART 3　怎么开店才能赚钱

先举出一个例子，比如您的原材料，面粉啊，黄油啊，鸡蛋啊，这些都是变动成本。变动成本在成本构成中非常重要，从企业发展的角度来说，变动成本的高低直接影响着利润率的增长。您看现在很多互联网企业看似做得很好，没什么成本，但其实他们有一项很高的变动成本——获客成本。变动成本高有什么不好呢？主要是利润率没什么提升的空间了。这里我先泛泛地说说，现在您还用不到这个知识。好啦，您来说说吧，店里还有什么属于变动成本？"

"嘿，你把好说的都说了啊，也不给我留几个。嗯，水电费算吗？"

"算啊，您生产得越多，当然越费电。咱们那两个小妹的工资算吗？"

"不算吧，咱们做多少面包我都给她们那些钱。"

"哦，如果那样的话就可以不算，咱们假如在一个工厂里面，生产的产品是计件的，工人生产得越多，拿到的工资就越多，那么对于这家工厂而言，这些工人的工资就是变动成本。不过您也得注意啊，劳动法规定加班是要给加班工资的。"

"哦，因为现在大部分的点心都是我自己做，她们还是在干些杂活的阶段,所以加班工资不太好算。而且,既然跟我一块儿干了,我肯定也不能亏待了那两个孩子,我都想好了,过年过节的我都会发点奖金的。"

"挺好挺好,那您的工资变动吗?"

"我没有工资啊,这个面包店是我的啊,我为什么还要给自己开工资?本来就不挣钱,我还给自己开工资?"

"哦,您这个观点就属于误区了。当然这也是很多私营企业主的通病,觉得自己的企业嘛,不需要给自己发工资。咱们先说说您为什么要拿工资吧。就目前的成本构成来看,您其实是主要的技术工人。要是我没说错,您是大师傅兼主厨兼面包师吧?您每天都投入很多时间在酥园吧?如果是这种情况,您又不领取任何工资,您的成本数据其实是不准的。这是从会计记录的角度来说。从企业管理的角度来说,作为企业主,也要公私分开,因为您同时既是公司的管理者又是公司的所有者。作为公司的所有者,您有每年年底的分红作为股东权益的实现;作为公司的管理者,您当然要通过工资的形式实现您的权益。最后一点,

PART 3　怎么开店才能赚钱

咱们开这个店，是为了改善生活，不是让生活更困苦对吧？您已经投了这么多钱进来，相比已经对生活有一定影响了吧？这不是您开店的初衷，是不是？"

"嗯，你说得有道理，我之前没考虑那么细，就是想反正都是自己的企业，挣的赔的不都是自己的吗？现在刚开业，用钱的地方也多，我就别凑热闹了。不过你这么一说吧，我有点明白了。好吧，那我每个月给自己开点工资，不过第一年我还是和大家同甘共苦吧，小妹们拿 1,000，我拿 2,000。还算公平吧？"

"嗯，拿多少钱不重要，关键是您必须有这样一个意识。咱们记着点这块成本啊，回头记在账里。解决完您的工资问题，咱们继续说说变动成本和固定成本。我举一个例子帮您加深一下理解。您还记得我上高中的时候特别想买一台 VCD 碟机吗？那个时候咱家条件还不太好，您一直没给买。您很经典的一句话是：一台 VCD 碟机没多少钱，可是你后面还得买碟呢，这得多少钱？您看您这句话就很好地解释了变动成本和固定成本。VCD 碟机就是固定成本，碟片就是为了不断地看电影而支出的变动成本。我看的电影越多，买的碟片就越多，变动成本就越大。"

"而且看电影不产生效益,纯粹是消费,对吧?"

"谁说的,人活着也不能只是吃饭穿衣嘛,还要有一些精神消费,您打麻将,我爸看电影,都是一样的。不能说不产生效益的消费就是不值得的,这不对。而且,我看 VCD 碟机买了以后您也没少看啊,我还记得有一套碟叫《篱笆、女人和狗》,您得看了几十遍吧?"

"对,我就爱看人家是怎么过日子的。"

"您说我爸一个文弱书生,为什么特别爱看暴力动作片啊?就是那种一开始就端着机枪扫射,从头打到尾的。"

"……你是在暗示我别再带面包回家了吗?"

PART 3　怎么开店才能赚钱

熊妈妈的底牌

接下来的一个下午,小熊都在帮助妈妈计算酥园几种产品的标准成本。几个小时之后,几张成本计算表诞生了。

第一张成本计算表:

牛角包的单位成本

项目	1个面包(克)	单价(元/克)	1个面包(元)
糖	1	0.0100	0.01
黄油	3	0.0250	0.075
高筋面粉	29	0.0050	0.145
裹入用黄油	16	0.0250	0.4
其他	0.875	0.1600	0.14
成本			0.77

第二张成本计算表：

吐司面包的单位成本

项目	350克一袋（克）	单价（元/克）	350克一袋（元）
高筋面粉	315	0.0050	1.575
细砂糖	24.5	0.0100	0.245
黄油	35	0.0250	0.875
鸡蛋	31.5	0.0060	0.189
其他	2.85	0.1600	0.456
成本			3.34

第三张成本计算表：

蛋糕的单位成本（6寸蛋糕和8寸蛋糕）

戚风蛋糕

项目	用量（克）	单价（元/克）	价格（元）
低筋粉	200	0.0050	1
砂糖	250	0.0100	2.5
鸡蛋	600	0.0060	3.6
沙拉油	100	0.0350	3.5
其他	2	0.1600	0.32
总计			10.92
6寸戚风			4.68
8寸戚风			6.24

奶　油

项目	价格（元）
6寸蛋糕	3.43
8寸蛋糕	4.57

注1：由于以上原料恰好可以生产一个6寸蛋糕和一个8寸蛋糕，所以两个蛋糕的单位成本一起核算，之后按照尺寸的大小对总的单位成本进行分别核算。由于蛋糕的主要部分为戚风蛋糕和奶油两部分，我们也分别进行了核算。加总之后的单位成本分别为：

6寸蛋糕：8.11元

8寸蛋糕：10.81元

注2：由于面包店的行业特殊性，我们在这个故事里假定所有当期生产出来的面包和蛋糕全部实现了销售。5月底的时候库存里没有任何产成品，只有多余的原材料。

　　计算这些单位成本并非轻松愉快之事。不过令小熊感到很欣慰的是，妈妈对学习抱有的热情和认真的态度。当计算出来的结果呈现在妈妈面前的时候，熊妈妈也吃了一惊："啊，原来我的成本是这样的啊。"

　　"对啊，妈，这就是您的底牌。做生意的人总要知道自己的底牌是什么对不？从上面的表中列出的成本项目看，您做的这些点心不能低于下面的价格：

点心的保本价格

产品名	价格
牛角包	0.77 元 / 个
吐司面包	3.34 元 / 袋
6 寸蛋糕	8.11 元 / 个
8 寸蛋糕	10.81 元 / 个

"我看了一下您的账本,您目前的售价情况如下。"

点心目前售价

产品名	价格
牛角包	1.2 元 / 个
吐司面包	5.5 元 / 袋
6 寸蛋糕	36 元 / 个
8 寸蛋糕	48 元 / 个

"真是不看不知道啊,原来我的蛋糕利润最丰厚,不过你看,妈妈定的价格还是比较合适的吧?"

"嗯,我认为现在还不能太乐观。还有,您定价和估算成本的顺序颠倒了。正常的顺序是,先计算出单位的标准成本,再加上一定的利润率,形成产品价格。现在问您一个严肃的问题,上面列出的就是面包的全部成本了吗?"

"我想想,哦,好像还不是。还有好多别的花钱的地方,租房子啦,请小妹啦,设备的钱啦……我刚才还挺高兴的呢,觉得咱们利润率不低,现在看来还不一定呢,对吧?"

"是,但是利润率高低永远都是相对的,你卖得好,利润率低也能赚钱;东西卖不出去,利润率再高也不好使。回到刚才咱们的问题,您说的那些都对,咱们确实不能只看上面的成本构成,您仔细看一下就能明白,我的这个标准成本实际上只是原材料成本,同时也是变动成本。咱们再看看您在过去的一个月里面,除了上面所说的原材料成本,还有什么变动成本项目呢?

2019年5月酥园面包店的其他变动成本

日期	项目	金额(元)	注释
5.25	电费和水费	-1,300	
5.25	煤气费	-600	
5.28	两个小妹的首月工资	-2,000	
	熊妈妈的首月工资	-2,000	
总计		5,900	

"咱们暂且把员工和您的工资算为变动成本,因为在一般的生产制造型企业中,工人的工资是按照变动成本核算的,随着产品产量的增加,加班费也会增加。当然,咱们这个店是特殊情况,您是主要劳动力,还没有加班费拿。为了排除这样的独特性,我就把你们的人工费算为变动成本了。"

"哦,那咱们怎么把这 5,900 元钱分到每一个面包上去啊?"

"您别急,对于那些需要几类产品,或者几个部门,或者几个车间共同分摊的成本,会计准则原则上并没有强制的规定,只是说我们要按照合理的分摊方法。那么咱们不妨按照这几种产品的销售收入的比例来进行分摊。

2019 年 5 月酥园面包店销售明细

日期	收入明细	金额(元)	占总销售比例
5.31	牛角包的收入(3,800 个)	4,560	29.62%
5.31	吐司面包的收入(700 袋)	3,850	25.01%
5.31	6 寸生日蛋糕销售(98 个)	3,528	22.92%
5.31	8 寸生日蛋糕销售(72 个)	3,456	22.45%
总计		15,394	100%

"下面的工作就很简单了,咱们把这 5,900 元钱按照这几种点心的销售收入分别占总销售收入的比例分摊到它们的身上。

牛角包:1,747.58(5,900×29.62%)

吐司面包:1,475.59(5,900×25.01%)

6寸蛋糕：1,352.28（5,900×22.92%）

8寸蛋糕：1,324.55（5,900×22.45%）

"现在咱们再根据每一种点心的销量，把它们分担的变动成本分摊到单位变动成本上去。

牛角包：1,747.58/3,800 = 0.4599

吐司面包：1,475.59/700 = 2.1080

6寸蛋糕：1,352.28/98 = 13.7988

8寸蛋糕：1,324.55/72 = 18.3965

"咱们再根据上面分摊到每一个单位产品上的变动成本，重新计算一下每个单位产品的总变动成本。"

四种产品的总变动成本

产品名	原材料变动成本	补充变动成本	总变动成本
牛角包	0.77元/个	0.4599元/个	1.2299元/个
吐司面包	3.34元/袋	2.108元/袋	5.448元/袋
6寸蛋糕	8.11元/个	13.7988元/个	21.9088元/个
8寸蛋糕	10.81元/个	18.3965元/个	29.2065元/个

熊妈妈看了看小熊做的这个变动成本明细,脸色越来越难看。小熊趁热打铁地说:"您看,一个科学客观的成本核算方法对老板做到心里有数还是有帮助的吧。"

熊妈妈心情沉重地点点头:"要是这么一算,我的利润很薄啊。唉,真是不算不知道。多亏你这次回来帮我梳理一下,不然我还傻高兴呢。"

"您也不用太自责,这不是才第一个月嘛。咱们慢慢来,最关键的是要找到哪一种产品是您最有竞争优势的产品,哪一种产品最能给您带来效益,如何定价才能实现成本和效益的最优配比。这些都搞清楚后,前景还是值得期待的!"

"唉,你爸当时还是挺有远见的,让你学了会计,要是真让你去学历史,可能妈妈也指不上你什么。"

"那我就可以给您讲讲历史上哪些企业是因为成本管理没搞好而破产的了。"

拿什么贡献你,我的边际——边际贡献的介绍

小熊看妈妈不太高兴,宽慰妈妈说:"妈,您别因为这个不开心啊。您现在知道了正确的方法,应该高兴才对!"

"唉,可是我都按这个价格卖了一个月了,邻居们也都知道了,妈妈就算心地善良,也不能一直赔本赚吆喝啊。"

"咱们其实现在还不知道每种产品的真实成本,因为之前我们只是核算了一下它们

的变动成本，固定成本还没算。等咱们算完了之后，再回头来看看应该如何修订价格。如果我们定价确实是不科学的，邻居们就算不理解，也只好改过来了。此外，据我了解，不管哪个面包店，总有一种或者两种产品是不赚钱的，所谓的爆款，可能只是引导消费的幌子而已，只要我们有一种或者两种真正赚钱的核心产品，应该就没什么问题了。"

"可是价格早已经定出来了，也卖了一个月了，怎么改价格啊？"

小熊微微一笑："这是另外一个话题了。咱们此刻不谈会计，只谈企业经营。我们能不能说现在的这个价格是试营业的价格啊？或者，某种原材料涨价了？办法总是有，咱们也不是在欺骗邻居，事实是，咱们有些面包确实是低于成本价格销售的啊。还有，我觉得咱们不需要修订每一款产品的价格，价格本身就低、利润又薄的，索性质量做的更好，让它走个量，带动一下其他产品。来逛面包店的人，不会只买最便宜的产品，你让他心里有个补偿，他还会顺手拿点其他的产品。至于有些本来定价就偏高、利润率又低的产品，砍掉不做就是了。您看肯德基、麦当劳也不是一成不变只卖固定那几种嘛。办法还有很多，但是基础方法得先掌握。您说呢？"

"唉，实在不行只能这样了。早知道开业前我就咨询咨询你了。这是妈妈的错，你已经是成熟周到的生意人了，我还一直觉得你是个小孩子。"

"得，您先别忙着叹气，咱们还是先把成本算出来再说。介绍固定成本之前，我先讲一个专业一点的概念，叫作边际贡献。边际贡献的概念很简单，您可以把它理解为销售收入和变动成本之间的一种关系。我画个简单的图来说明一下这种关系。

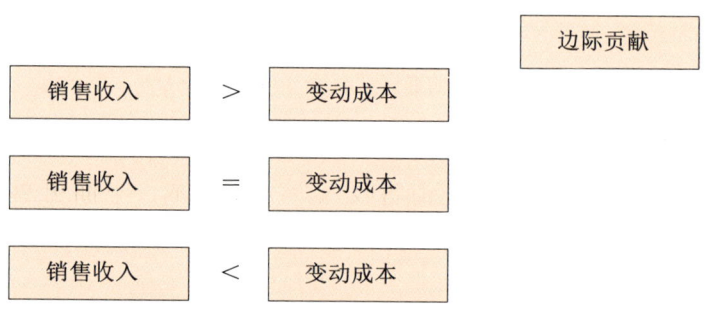

"上图说的是总销售收入和总变动成本的关系，您也可以替换为单位销售收入和单位变动成本，道理

都是一样的,相差的无非是销售数量。我来解释一下这个图:如果销售收入/单位销售收入大于变动成本/单位变动成本,则边际贡献产生了,只有在这种情况之下,咱们才能松口气,因为此时利润才可能产生出来。如何产生出来呢?销售收入超过变动成本的部分是不是利润呢?我们讲过成本的构成,这个差额还不是利润,因为还有一部分成本尚未得到销售收入的补偿,就是下面要说到的固定成本。如果边际贡献还能大于固定成本,那么大于出来的这一部分才是我们的利润。这是第一种情况。

"当销售收入/单位销售收入等于或者小于变动成本/单位变动成本的时候,对我们来说是不好的消息,因为固定成本没有额外的销售收入进行补偿了,这样的话,利润也就无从谈起了。

"咱们之前算过销售收入和变动成本,下面再算算咱们的这四种产品(牛角包、吐司面包、6寸和8寸蛋糕)是否可以产生边际贡献。

四种产品的边际贡献

产品名	单位销售收入	单位变动成本	边际贡献
牛角包	1.2 元 / 个	1.2299 元 / 个	-0.0299 元 / 个
吐司面包	5.5 元 / 袋	5.448 元 / 袋	0.052 元 / 袋
6 寸蛋糕	36 元 / 个	21.9088 元 / 个	14.0912 元 / 个
8 寸蛋糕	48 元 / 个	29.2065 元 / 个	18.7935 元 / 个

"现在您可以看清楚了，咱们一直奉为主打的牛角包其实在经营中是不贡献边际的。换句通俗的话说，咱们是在赔钱卖这款产品。当然，咱们计算出来边际贡献后，适当地对产品的定价进行调整是手段之一。但是抛开成本的角度不说，像我刚才说过的，用一种质量最好、价钱却相对低廉的产品作为拓宽市场的手段，也是一种不错的考虑。"

"现在妈妈知道了，生意真的不是那么好做的。之前我一直以为只要手艺好、有良心、态度热诚，就能做好生意，现在看来，不懂点会计呀、营销啊、管理什么的，连一个小店都开不好。"

"妈，我真高兴您这么快认识的境界就上去了。这离成功又近了一步啊。我想现在您对边际贡献到底贡献了什么，已经很清楚了吧。"

PART 3　怎么开店才能赚钱

固定成本如何影响熊妈妈的心情

"好啦,妈,咱们现在来看看固定成本。"

"儿啊,妈妈现在很紧张啊,很久没这么紧张过了。"

"哈哈,要是我没记错的话,您上次有类似的心情应该还是在我高考结束之后查分那天吧?我还记得您抱着电话,整整拨了一上午才打进去。不至于的啊,咱们才刚刚开始,您要是这样的心理素质,等我帮您出年报的时候您还不得昏过去?"

"唉,主要是不知道自己犯的错误有多大。"

"没事没事,咱们不是惩前毖后吗?先说说固定成本包括什么吧。

"——房租。

"——设备的折旧费。

"在咱们的小店里,目前只需要考虑这两项就行

了。咱们先讲讲设备的折旧费这个概念，您还记不记得我给您讲过的老大开车的那个故事？这其实就是设备折旧的原理，一台机器的价值，应该在它的使用寿命期间平均摊销。这也是配比原则的体现。我们把在使用寿命期间平均摊销机器价值这个行为叫作折旧。目前折旧的方法有很多种，咱们不必一一介绍，只说最主流也是最好理解的，这种方法叫作直线法。直线法的原理是世界上最好理解的会计原理，就是把设备的价值按照它的使用寿命平均摊销。

"至于哪种设备按照多少年来计提折旧，税法里有明确的规定，我给您画个表说明一下。

固定资产折旧年限规定

固定资产种类	税法规定的最低折旧年限	小熊做的注解
房屋建筑物	20 年	租的房子，不适用
飞机、火车、轮船，机器、机械和其他生产设备	10 年	烤面包机
与生产经营活动有关的器具、工具、家具	5 年	冰柜
飞机、火车、轮船以外的运输工具	4 年	没有
电子设备	3 年	收银机

"接下来我举个例子,咱们看看设备的折旧是怎么算出来的。

"收银机的折旧计算:

折旧期间:$3 \times 12 = 36$ 个月

总价款:2,500 元

月折旧额:$2,500/36 = 69.44$ 元

"按照上面的计算方法,我来给您列个咱们面包房所有固定资产的月度折旧金额。

酥园面包店 2019 年 5 月固定资产折旧计算表

固定资产	原值(元)	折旧期间(月)	月度折旧额(元)
大熊烤面包机	8,500	120	70.83
小熊烤面包机	4,000	120	33.33
大冰柜	4,000	60	66.67
小冰柜	3,000	60	50.00
收银机	2,500	36	69.44
总计			290.27

"会计准则和税法中还有一个残值的概念,您的这些设备在使用到期的时候还会有一个残余的价值(简单地说,就是卖废品的收入),这个价值在计算折

旧的时候要先减除出去。考虑到咱们业务的简化，我们就当这些设备到期的残值为零了。"

"冰柜不止用5年吧，咱家那台冰柜可都7年了。"

"是，妈，5年之后您想继续使用也没问题，只要它还能用。这里只是会计上的处理，希望您把冰柜的成本慢慢地、平均地在使用期限摊销完毕。您要是用得爱惜，用个十年八年的也没人管您。"

"哦，那就好。到时候我还能把它拉回家，咱们自己用。"

"行，不过这也是几年之后的事啦，到时候也许您都是烘焙界的教母了，根本不在乎这一台两台的破冰柜。咱们继续说本月的固定成本啊，根据您的账本和咱们上面的计算，酥园面包店5月的固定成本如下。

酥园面包店2019年5月固定成本明细

项目	金额（元）
房租	4,000
设备折旧	290.28
总计	4,290.28

"这4,000多块钱要和上面的变动成本一样,摊到每一种产品中去。我再给您做一个表,咱们看看固定成本对产品成本的影响。

固定成本分摊表

产品名	销售金额（元）	占当月销售比例	分配的固定成本（元）	分配的单位固定成本（元）
牛角包	4,560	29.62%	1,270.78	0.3344
吐司面包	3,850	25.01%	1,073.00	1.5329
6寸蛋糕	3,528	22.92%	983.33	10.0340
8寸蛋糕	3,456	22.45%	963.17	13.3774

"这样计算之后,我再把咱们5月份的销售和成本的数字列一个表。这个表只列单位的销售收入和成本,您若想知道全部的,乘以销售数量就好了。"

单位销售收入与成本汇总（元）

产品名	销售单价（1）	单位变动成本（2）	单位固定成本（3）	单位总成本（2）+（3）	当期单位毛利润（1）-（2）-（3）
牛角包	1.2	1.2299	0.3344	1.5643	-0.3643

（续表）

产品名	销售单价（1）	单位变动成本（2）	单位固定成本（3）	单位总成本（2）+（3）	当期单位毛利润（1）-（2）-（3）
吐司面包	5.5	5.448	1.5329	6.9809	-1.4809
6寸蛋糕	36	21.9088	10.0340	31.9428	4.0572
8寸蛋糕	48	29.2065	13.3774	42.5839	5.4161

2019年5月酥园面包店总销售收入与总成本汇总（元）

产品名	销售单价	销售数量	销售额（1）	单位成本	总成本（2）	当期毛利润（1）-（2）
牛角包	1.2	3,800个	4,560	1.5643	5,944.3900	-1,384.39
吐司面包	5.5	700袋	3,850	6.9809	4,886.5900	-1,036.59
6寸蛋糕	36	98个	3,528	31.9428	3,130.3800	397.62
8寸蛋糕	48	72个	3,456	42.5839	3,066.0200	389.98
总计						-1,633.38

小熊看了看自己算出来的结果，笑笑说："行，咱们这个毛利润的数字还是比较吉祥的。唯一遗憾的是它是个负数。"

熊妈妈长长呼了一口气："这个结果真让人沮丧，

PART 3　怎么开店才能赚钱

不过没关系，这不才第一个月吗？大家现在也慢慢认可咱们的面包了，我就不相信后面每个月都赔钱。"

小熊看到妈妈信心满满的样子，也笑了。他的心情其实有点矛盾，一方面，作为孝顺的孩子，他不太希望看到妈妈每天照顾家里之余，还要分出很多精力来做事业。但是另外一方面，他总觉得妈妈其实还年轻，身体也不错，如果每天待在家里，柴米油盐之外，打打太极玩玩游戏，悠闲倒是悠闲，但多少有点蹉跎岁月了。现在她有一个小小的店面，生活中就像多了一个坚强的支点，小熊相信，这样的生活虽然有点忙碌，却能让妈妈的生活更加充实和有滋味。

练 习

直线法与双倍余额递减法——一般折旧与加速折旧的区别

小熊长大以后，常常会伤春悲秋。每次和外人谈起自己的行业，总是叹气说："我们这个职业，加速折旧自己的青春啊。"由此看来，一定还有一种行业是均匀地折旧自己的青春。与之相仿，对于固定资产来说，也存在着一般状态的折旧方法和加速状态的折旧方法。对于固定资产的折旧计提,一般状态的折旧方法我们叫作直线法。加速状态的折旧方法有好几种,在这里我们只介绍最常见的一种,叫作双倍余额递减法。

先说说加速计提折旧的理论基础。道理很好理解,对于固定形态的资产而言,一般都是越新越好用。那么,我们可以理所当然地认为,在该项资产投入使用的前几年,它对于生产的贡献应该远远大于后面的几年。基于这样的考虑,我们应当在该项资产投入使用的前几年,多计提一些折旧,从而使它在前几年所做的突出贡献可以有充分的折旧金额进行补偿。

双倍余额递减法的计算方法很简单,首先确定一个年度的折旧率。

年度折旧率=2/预计使用年限×100%(留给大家一个小小的问题,这个公式是怎么来的呢?)

月度折旧率很好办,就是年度折旧率除以12。

每月的折旧额呢?就是每月资产的账面余额×月度折旧率就可以了。

PART 3 怎么开店才能赚钱

我们假设一种情况,一项资产采购时的账面价值是人民币 120,000,预计使用的年限是 10 年。根据上面学到的公式,这项资产的年度折旧率就是 2/10×100% = 20%,那么它的月度折旧率就是 20%÷12 = 1.6667%。

它的第一个月的折旧额就是 120,000×1.6667% = 2,000。

第二个月的折旧费是(120,000-2,000)×1.6667% = 1,966.67。

……

后面的不用一一列示了吧,相信你也能很快就掌握。

盈亏平衡点是让人心理平衡的销售点

"妈,咱们把成本都说完了,现在我再给您介绍一个新的概念。叫作盈亏平衡点。这个概念不太好理解,幸好它还有另外一个好理解的名字,叫作'保本点',这个比较好理解吧?通俗地说,就是您要卖多少面包才能不赔不赚,利润刚刚好为0,您刚刚好白忙活一个月。当然,咱们在销售中找出这个点,不是为了让您知道您为什么白忙活了一个月,而是在于咱们通过这个点,应该知

PART 3　怎么开店才能赚钱

道咱们的销售量要达到什么水平、成本要降到什么水平咱们才可能超过这个点。

"咱们先看一个简单的公式：

（1）利润＝销售收入－成本

（注意：除了成本还有费用，因为这里在探讨成本，所以就暂时忽略一下费用。）

"这是企业经营的基础之一，三个要素互相影响。如果想利润增大，销售收入自然要提高，与此同时，成本要不断降低。

"这个公式明白了之后，咱们把上面这个公式扩展一下：

（2）利润＝（单价 × 销售数量）-（变动成本＋固定成本）

"刚才咱们说过，若想让利润增大，在成本不变的前提下，销售收入要提高。您看，我把销售收入分解成了两部分。那么很自然地就可以推论出，如果想让销售收入上一个水平，有两个途径：第一，提高单价；第二，增加销售数量。

"如果在销售收入的总额保持不变的前提下，想让利润增大，则需要降低成本。咱们之前细细地讲过成本的故事了，把成本按照属性分为变动成本和固定成本。妈，您还记得吗？变动成本是和销售数量有关系的，卖得越多，变动成本就越高。而固定成本和销售数量没什么关系，是相对固定的。那么咱们还可以

把上面这个公式再展开一下:

(3)利润=(单价×销售数量)-变动成本-固定成本

(4)利润=(单价×销售数量)-(单位变动成本×销售数量)-固定成本

(5)利润=(单价-单位变动成本)×销售数量-固定成本

"经过几步的变化,咱们刚才的基础公式变成了上面的公式(5),这是咱们计算保本点的基础。顾名思义,保本点就是使得利润为0的销售数量。咱们要研究的就是这个让利润为0的销售数量到底是多少。

(6)0=(单价-单位变动成本)×销售数量-固定成本

(7)销售数量=固定成本/(单价-单位变动成本)

"上面的公式(7)就是咱们计算保本销售量的公式。现在公式有了,妈,您来算算,看看在目前的条件之下,咱们要卖多少面包和蛋糕才能保本吧。"

"好,我可有些时日没做过数学题了。你这一考我还真有点紧张。"

"千万别,妈,您就是考负分您也还是我妈,一点都不打紧。不但不责罚您,我还得给您赔笑脸。"

"唉,这么大岁数了还得考试,我说我前两天一直做噩梦呢。"

熊妈妈磨磨蹭蹭地拿起纸和笔。

第一部分：牛角包的保本点

固定成本＝ 1,270.78 元
单价＝ 1.2 元
单位变动成本＝ 1.2299 元
所以，牛角包的保本销售量为：
1,270.78/（1.2-1.2299）＝？

写到这里熊妈妈顿住了，她面前的计算器上有一个数字：-42,501。

小熊微笑着看看这个数字："妈，您是不是觉得有点奇怪啊？您想想看，为什么会出现这样的情况呢？"

"你的公式推导错了？"熊妈妈试探着问。

小熊哈哈大笑："妈，您真自信。咱们一起来看看这个公式，想想它的原理是什么。这个公式的根本道理在于，一个商品，它的销售价格首先补偿变动成本，其次补偿固定成本，全部补偿完毕之后剩下的部分才是所谓的利润。但是变动成本是补偿不尽的，为什么呢，因为它和销售如影随形嘛。销售不息，变动

不止。但是固定成本是可以补偿尽的啊,咱们的这个公式的道理就在于计算那个把固定成本补偿完毕的销售点。但是这个公式有个成立的先决条件,那就是单价要高于变动成本,道理很简单,固定成本靠什么来补偿?当然是靠单价补偿了变动成本之后的差额来补偿，如果这个差额是负的，您不用算，看一眼就应该知道这个保本点根本算不出来嘛。我给您画个图说明一下这个道理。

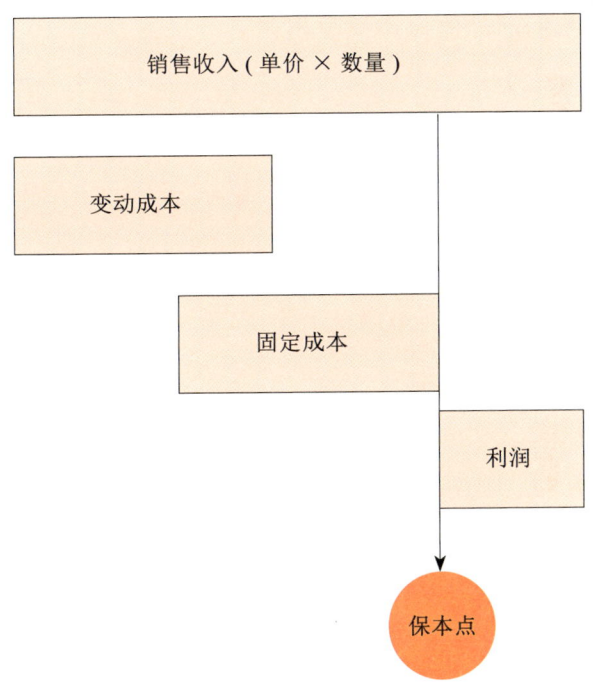

"我这么讲您明白了吗？"

"我得想想啊，是不是这样，要想获得利润，首先需要满足的条件是单价大于变动成本?"

"没错,您真是天才老太太。原因就是我上面说过的,您首先要取得边际贡献,这个贡献的作用是什么呢?就是补偿固定成本,创造利润!好,那咱们继续把咱们产品的保本点算出来。"

第二部分:吐司面包的保本点

固定成本= 1,073 元
单价= 5.5 元
单位变动成本= 5.448 元
所以,吐司面包的保本销售量为:
1,073/(5.5-5.448)= 20,635(袋)

"妈,您看,由于吐司面包的边际贡献太低,每卖出去一袋只能产生大约 5 分钱的边际贡献去补偿固定成本。所以您一个月得卖 2 万多袋的面包才能有利润。"

"我的妈呀,每天都得卖出去 700 袋呀。这个量

PART 3　怎么开店才能赚钱

估计街坊们得吃吐了。"

"我的娘亲啊,要是这些面包都卖给我,我每天吃一袋,得吃56.53年,我今年30岁,到了87岁高龄的时候还得吃您的面包。这样的人生真不值得期待啊。"

"行啦,小子,你就别说风凉话了。我再算算蛋糕的数字吧。唉,心乱如麻,心乱如麻。"

还差娘亲0.79年面包没吃但马上就要咽气的小熊

第三部分：6寸蛋糕的保本点

固定成本＝983.33元
单价＝36元
单位变动成本＝21.9088元
所以，6寸蛋糕的保本销售量为：
983.33/（36-21.9088）＝70个

"蛋糕的保本点是每个月卖出去70个，卖出去70个以后，每卖出去一个，就赚出一个边际贡献，咱们刚才算了，6寸蛋糕的边际贡献是14.0912元，您这个月一共卖出去98个，也就是有28个边际贡献产生的利润：

（98-70）×14.0912＝394.55元

"这个数字和上面咱们算出来的毛利润是差不多的，因为在咱们所有的计算里面都是有小数点的取舍的，所以可能有几分钱的差异。"

第四部分：8寸蛋糕的保本点

固定成本＝963.17元

单价＝48元

单位变动成本＝29.2065元

所以，8寸蛋糕的保本销售量为：

963.17/（48-29.2065）＝52个

"5月份您卖出去72个，那么就有20个边际贡献产生的利润。由于单位边际贡献为18.7935元，那么这20个边际贡献出来的利润为：

20×18.7935＝375.87元

"咱们把上面的计算过程整理一下得出下表。

2019年5月酥园面包店保本量及边际利润计算表

种类	单价（元）	单位变动成本（元）	固定成本（元）	保本量（个/袋）	销售量	边际贡献的利润（元）
牛角包	1.2	1.2299	1,270.78	-42,501.00	3,800	0
吐司面包	5.5	5.448	1,073.00	20,635.00	700	0
6寸蛋糕	36	21.9088	983.33	70	98	394.55
8寸蛋糕	48	29.2065	963.17	52	72	375.87

看着妈妈和自己共同算出的保本量和边际贡献的利润，小熊长长地松了一口气。他虽然第一眼看到妈妈的账本时，心里就隐隐地知道一些结果。但是干财务这一行这么多年，慢慢养成了不轻易下结论的习惯。有一位职业上的前辈，曾经告诫小熊说，干财务这一行，要学会让数字说话，而不是让嘴巴来说话。小熊一直把这句话作为指导自己前行的座右铭。

现在，这些原来在妈妈心里面和本子上乱糟糟的、孤零零的数字都被小熊串了起来。小熊特别希望，就算妈妈从自己身上学不到什么知识，也能从这几天的交流里学到一些良好的思考和工作习惯。

"妈，咱们的保本量和边际贡献利润都算出来啦。我们在这段时间里，不停地在说成本、销售额和利润之间的关系。其实这三个部分就是我最早说过的三大财务报表的第二张报表——损益表的主要内容。还记得三大报表都是哪三个吗？

"一、资产负债表——咱们在第二章的时候详细说过的。

"二、利润表——咱们说了大部分的内容，但是还不完整，剩下没说的内容咱们在下面的一部分来说。

PART 3 怎么开店才能赚钱

"三、现金流量表——咱们还没说,后面也会专门跟您说说。

"咱们可讲了不少内容啦,您有什么想法想和我说说吗?"

"嗯,当时你爸爸让你学会计是他的不对,你别怪他。他也不知道这么难。"

"哈哈,妈,您别说得这么哀怨啊!我刚开始学的时候的确很痛苦,虽然高等数学在工作中的用处不大,但是大学期间我还是老实的吭哧吭哧学了三门数学。当时心情还是比较苦闷的,觉得好不容易熬到了上大学,还是不能学点自己感兴趣的知识。不过后来慢慢想明白了,尤其这几年,经历得多了,心也平静下来,作为一个职业,财务的安全边际还是比较高的,虽然需要不断学习,但是动力也持久,不至于老了就被淘汰了。再过几十年,我在这个行业也能有一些话语权。我虽然愚笨,但做了这么多年了,也有了一点自己的体会和心得。所以,在我看来,会计之于我,倒没那么面目可憎了。而且,要是我当时没学会计,您让我给您讲什么呢?"

"你这么说倒有些禅意啊,因果互生,本来也是难言之事。也许命运安排你学会计，就是为了帮妈妈开这个面包店呢？"

"妈，您应该这么说，我之所以被生下来就是为了帮您开这个面包店的。"

"我觉得不是这样的，你生下来就是为了给我添麻烦、花我的钱、让我操心的。"

"％￥&×##×××&……#@"

年龄：11315天
体重：7300克
身高：1780毫米

PART 4

利润表的奥秘

PART 4 利润表的奥秘

利润表就是收入、成本和利润的三方博弈

小熊上学的时候，老师说，这张表叫作损益表，英文叫作 income statement。小熊虽然那个时候英文一般，但是也知道 income 是收入的意思，表面上看起来，损益和收入并非妥帖的翻译。而且，收入只是这张表的起点，没有充分的资格代表整张表所能表达出来的意思。后来上了班，加入了一个国际会计师事务所，那里的同仁说话全都中英文

掺杂，一个个都好像旧上海的买办。小熊有时正和同事聊天，对方明明在说流利的中文，却忽然卡壳，好像失忆一般翻翻眼睛，一边自言自语道："咦？那个词怎么说来着？"然后脱口而出那个中文词语的英文翻译，之后还如释重负地笑一笑。

PART 4　利润表的奥秘

小熊很怕看到这样的场景，觉得这些人需要用洋文来表达母语的思想，活像是大头傻子。不过从这些同仁那里，小熊也学到了不少专业词汇，比方说，小熊知道了 P&L 就是利润表。当时他想，把损益表叫了那么多年的 income statement，却没想到直到今天才找到它真正的英文名字。不过小熊对损益表的名字也不能满意，损和益是这张表的终点，其间的过程却被省略。在小熊看来，这张表若是叫作收入成本表可能更能令他舒服一些。

"妈啊，咱们再来说说对于企业管理者很重要的第二张表——利润表。利润表很好理解，按照我对它的观察和认识，我更愿意把它叫作收入、成本和利润的三方博弈。事实也正是如此，这张表想要体现的就是，想要利润高一些，收入就得高一些，成本就要低一些。这样一个关系反过来也同样成立。您是不是还记得咱们讲固定成本和变动成本的时候做的一张表？"小熊一边说一边翻了翻妈妈的那个账本，找出了那张表：

单位销售收入与成本汇总（元）

品种	销售单价 (1)	单位变动成本 (2)	单位固定成本 (3)	单位总成本 (2)+(3)	当期单位毛利润 (1)-(2)-(3)	销售数量	当月毛利润
牛角包	1.2	1.2299	0.3344	1.5643	-0.3643	3800个	-1,384.34
吐司面包	5.5	5.448	1.5329	6.9809	-1.4809	700袋	-1,036.63
6寸蛋糕	36	21.9088	10.034	31.9428	4.0572	98个	397.61
8寸蛋糕	48	29.2065	13.3774	42.5839	5.4161	72个	389.96
合计							-1,633.41

注：由于四舍五入的原因，计算的毛利润与利润表中有0.03元的差异。

"其实这张表就是一张未完工的利润表，咱们可以看到，这张表上有收入、成本，还有我们计算出来的毛利润。为什么叫作毛利润呢？毛利润英文叫gross profit，意思是初步的利润。因为有一些成本费用项目还没有减出去，如果我们把这部分成本费用减去，就可以得到一张利润表。"

"啊？还有费用要减除啊，你这三减两减的，咱们这个店这个月要裸奔了。"

"妈，这些钱每一分都是您花出去的呀，您花的时候都没心疼,算账的时候就更别心疼啦。反正这个月肯定是亏了,咱们索性豁达一点吧,千金散尽还复来嘛。"

2019 年 5 月酥园面包店其他成本费用项目

项目	金额
5 月小妹房租	1,000
5 月三人饭费	861.11
总计	1,861.11

注:5 月三人饭费,请参见第二章"待摊费用和预提费用是一对龙凤胎"。

"上面列示的两项费用,在一般的生产性企业中单独列示在一个叫作'管理费用'的科目中。在咱们这里,您可以把它理解为固定成本,也可以把它理解为费用。那么成本和费用之间,是否有着实质的、可以区分的不同呢?按照我的理解,成本是和产品的形成直接相关的支出,它的花费与产品的产出有着直接的逻辑关系;而费用则是为了支撑企业的运营而发生的,无法也不需要归集到产品上去的成本,当然,制造费用和产品直接相关,不算在内。我说的是管理、销售、财务这三类期间费用。"

整理后的利润表

"好了,现在才是激动人心的时刻。根据上面我算出来的零星数据,咱们看看您这个月到底是怎么样的一个运营情况。妈,要不您先背过脸去,我算出来告诉您?"

"这孩子,你妈心理素质还是不错的。"

"是吗,前两天您感冒发烧,我爸开玩笑说您疑似流感的时候,据说您可没表现出来太强的心理素质。"

"啊?你爸连这个都跟你说?他很不冷静啊!回头你提醒我从店里带前天的面包给你

爸吃。"

"前天的面包您还让我爸吃？我爸不会高兴吧？"

2019年5月酥园面包店利润表（元）

科目	销售金额
销售收入：	
牛角包	4,560.00
吐司面包	3,850.00
6寸蛋糕	3,528.00
8寸蛋糕	3,456.00
总计：	15,394.00
减：成本（变动加固定）	
牛角包	5,944.39
吐司面包	4,886.59
6寸蛋糕	3,130.38
8寸蛋糕	3,066.02
总计：	17,027.38
毛利润：	−1,633.38
减：日常费用	1,861.11
开办费（N）	37,338.89
税前利润	−40,833.38
减：所得税	
净利润	−40,833.38

N：根据新企业会计准则，开办费将不在长期待摊费用中核算，而是一次性进入当期费用。

熊妈妈看了看报表，轻轻叹了一口气："唉，辛苦了好几个月，最后还赔了好几万啊。看来生意还真不是人人都能做好的。"

小熊看妈妈神色有些黯然，安慰妈妈道："妈，您也不要气馁。每个公司刚刚开张的时候，都是出去的钱多过进来的钱。别说您这一个小小的面包房，就是我们公司，刚开始的几个月也一定是赔钱的。第一，公司开办初期有一些费用根据会计准则是一次计入当期的成本费用的，您看您的开办费有37,000多元，要是根据原来的会计原则，这三万多块钱是可以平均放在几年里慢慢摊销掉的。如果咱们把这三万多拿出去，您并没有赔那么多的钱是不是？第二，开业的前几期，咱们的关注点在于树立口碑，拓展市场，培养人气，而不必急急忙忙地追逐眼前的这点利益，对不？第三，开始的时候您对成本摸不准，结果售价制定得不理想，这也是造成咱们这期间亏损的原因。我相信慢慢会好起来的。"

"嗯，也没什么，也没谁能一做生意就成功的。你外公当年单枪匹马闯荡熊市，自己做油漆生意，也是沉沉浮浮的，慢慢才做起来的。开始的几年都难。"

PART 4 利润表的奥秘

"真的啊？妈，我还没仔细听您说过这段呢。我国著名的油漆品牌灯塔油漆是我外公创办的吗？"

熊妈妈斜着眼睛看了看小熊："要是那样的话，还至于让你去学会计吗？你外公那么疼你，肯定得让你去学油漆啊。"

"哦，若是那样，我还是学会计吧。"

资产负债表和利润表到底是什么关系

妈妈中午给小熊做了炒面,制作方法和原材料其实都很简单,妈妈却可以化平凡为神奇。小熊在得知妈妈要开面包店之时,曾经认真地给妈妈提过建议,说妈妈可以考虑开一个炒面店,生意一定很好。熊妈妈对此有不同意见:"只卖炒面,品种太单一;搭配炒菜,质量又难控制。而且,最重要的,中国菜一个厨师一个风味,这面我炒出来是这个味,别的师傅炒出来可能就是别的味,

PART 4　利润表的奥秘

你妈一把年纪了，难道每天站在大炒锅前一锅一锅地炒面？"

小熊想想，觉得妈妈说得很有道理，而且，作为一名商业人士，妈妈在这件事情上体现了独立思考的精神——这是小熊不停地灌输给他手下的小朋友们的观点——你的想法可以是错的，但是至少要独立思考过。

喝过了茶，小熊和妈妈又坐到了书桌前。"妈，咱们之前讲过了资产负债表，讲过了利润表。您有没有想过，这两个表有什么关系呢？"

熊妈妈当然没想过，所以老老实实地摇摇头。

小熊笑了笑，说道："咱们画了这么多的表，现在还是画表来说话吧。咱们先来回忆一下资产负债表的构成，一个左右开门的大柜子，左边一个抽屉，叫资产；右边上下两个隔断抽屉，上边的叫负债，下边的叫所有者权益。还记得我跟您说过的吗？负债是您欠供应商和其他利益相关人的；而所有者权益是您欠股东的。这个表所体现的是一个时点的状态，咱们5月份的资产负债表截止到5月31日。那么咱们之前编制的资产负债表就是到5月31日为止，酥园面包店的财务状况。经过一个月的经营，您添置了哪些资产？增加了哪些负债？以及您为股东增加了多少财富？在咱们的面包店里，您当然就是股东，但是在很多公司里，管理者和所有者是分开的。

"咱们的利润表，就是上面谈到的第三个问题，您在5月份通过自己的努力经营，为公司的股东增加了多少财富？所以资产负债表和利润表的关系大概是

PART 4 利润表的奥秘

下面这个样子的。

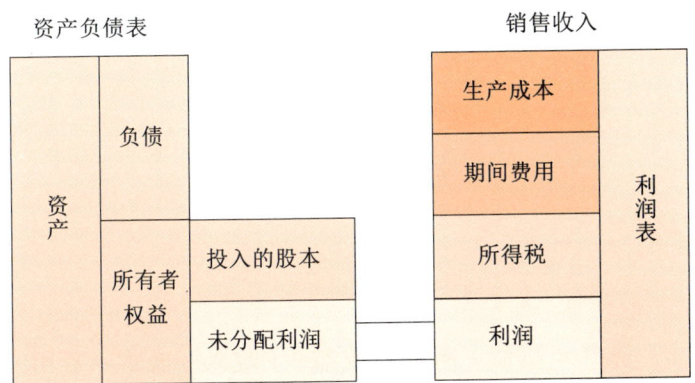

"通过上面的关系图,您可能得以判断,利润表希望表述的其实是一个期间的经营结果。利润表的演示结果——当然是利润,构成了资产负债表中所有者权益的一部分。也就是说,过去的一个月,您通过生产经营,为自己的所有者权益添砖加瓦了,您这个公司的净资产又增加了一点点。

"如果本期企业经营得不错,得到了利润,那么所有者权益部分就相应增加,对应的股东权益就会增大,作为股东,期末的时候您就可以分红;相反,如果经营得不好，好像我们一样亏了钱，亏损的这部分肯定得用您的本钱去补偿，换句话说，就是所有者权益减少了。

"您还记得咱们刚刚开始讲课的时候我说过的一个等式吗？资产＝负债＋所有者权益，在这里我修订一下，让这个表示资产负债表关系的等式和利润表联系上。

资产＝负债＋所有者权益＋（收入－成本－费用－所得税）

"从这个公式您可以看出来，利润表是一张直接影响所有者权益（股东权益）的表。这么讲您明白了吗？"

"嗯，妈得慢慢想想。你这公式简单，里面的意思好像还挺深呢。"

"妈，这也是微言大义呢。"

PART 4　利润表的奥秘

如何才能拥有一张好看的利润表——熊的生意经

　　熊妈妈听得有些累了，不时地直一直腰。于是小熊提议给妈妈捶捶背。熊妈妈自然欣然同意，于是小熊站起身来走到妈妈的背后。很多年前，这样的场景很常见，那个时候小熊还是学生，妈妈的脑后也没有那么多的白发。每天晚上小熊放学回家，吃过饭，看书之前，总是习惯站在妈妈背后给妈妈捶一会儿后背和肩膀。多数时候妈妈都嫌小熊的力道太小，恨不得小熊生出张三丰一样的内劲来。妈妈一边被痛捶，一边亲切地和小熊交流被捶心得："有时候我就觉得我上辈子是个打手。"小熊自然接话道："老娘您何出此言呢？""你看啊，这辈子天天得被你捶，力气小了还不满意。""妈呀，我觉得因果也不只此一端，上辈子您主要是没少打我。您要是个打

手，走到大街上应该常常遭到陌生群众的痛殴才合理。"后来小熊远走牛市，回家看望父母的日子不定，慢慢地这个习惯性的动作也生疏了。

"妈，咱们列出了利润表，也说了说利润表和资产负债表的关系。这些其实还都是技术层面的分析，咱们抛开这些会计语言，我想和您探讨一下在您日常的企业运营中，如何经营才能得到一张好看的利润表。"

小熊依旧坐下，在纸上列出了一个公式：

利润＝销售收入－成本－费用－所得税

"妈，咱们的讨论围绕这个公式展开。公式的左边是利润，是咱们共同追求的目标，右边是实现这个目标的途径，现在咱们看看，如何能让这些途径更加顺畅和宽敞。

"从上面的公式，咱们很容易看出来，若想利润最大化，我们有以下办法：①增加销售收入；②降低成本和费用，这里的成本包括固定成本和变动成本；③降低所得税的税负。

"第一，增加销售收入。这一点可以扩展成很多方法，我举几个我能想到的，首先是涨价。目前看这是最可行的办法了。您的面包和蛋糕之前的定价全都不合理，应该定多少钱的单价您也已经知道了，咱们算了保本销售量下的单价，对吧？除了涨价之外，还有一些帮助销量提高的辅助性方法，比如，增加面包和蛋糕的品种，搞一些促销活动，像买一送一啊，免费品尝啊，免费送货上门啊，等等，或者开拓一下您目前的目标市场，我看咱们小区的小学和幼儿园都是很好的顾客群啊，要是那里的孩子都爱吃您的面包，我们何愁销路呢？

"第二，降低成本和费用。由于成本包括变动成本和固定成本，咱们分别来说。先说变动成本，您还记得变动成本都包括什么吗？对，原料和人工，我看小妹的工资虽然不算低，但是也绝不高，所以咱们就不打她们工资的主意了；至于您的工资，我的建议是保持不动。您记住我这句话，咱们开店是为了挣钱，不是为了贴钱，这是基础，对不？那么原料呢？我之前到店里看了看，您用的原料好像都是很好的品牌，像面粉啊，黄油啊，还有奶油，咱们是不是可以考虑选择一些替代品牌，从而降低一点变动成本？"

小熊还没说到第三，熊妈妈干脆地打断了他："儿

PART 4　利润表的奥秘

子，妈妈对这一点有一些自己的看法。妈妈当然知道到哪里去买这些原材料价钱会便宜很多，我甚至知道一个地方，黄油的价钱比我现在用的要便宜60%，但是我从来没动过心思换掉我用的这个牌子，咱们卖的是入口的东西，用了不好的原料，虽然说死不了人，但也是缺德的事情。妈妈宁可利润薄一点，也要换个心里踏实。"

小熊看着妈妈认真的表情，忽然有点感动。小熊之前给资本家打工的时候不需要自己出去跑生意，不知道人心惟危。后来自己当了老板，才知道生意确实是要"做"的，待人太真诚，有的时候遇到没有信誉的客户，还有硬生生的骗子，与他们斗法不过，只好自己生自己的闷气。按照曾国藩的话说："打落牙齿和血吞。"若是待人不真诚，一来不符合小熊的为人之道，二来现在的客户都特别有上帝的气质，一旦发现你不重视他，绝对不会再回来找你。小熊虽然从小接受"执两用中"的中庸教育，但是这个尺度总也把握不好。不过几年的风霜雨雪下来，一双眼睛看惯了人心世道，倒是比之前沉静了许多。妈妈的生意观虽然有点不合时宜，但是正确且值得尊重和坚守。

"好的，妈，您有这样的操守和远见，我当然坚决支持，那咱们不说变动成本，现在看看都有什么固定成本。房租肯定是没什么变化的空间啦，您跟人家谈降价也不现实。水电这块我很放心，我还记得我小时候给您起外号叫'关灯王'，缘起就是您逢灯必关，家里经常黑漆漆的好似盘丝洞一般。"

PART 4　利润表的奥秘

"瞎说,那不是夏天吗?开着个灯,蚊子全奔咱家来了,你爸抽烟,蚊子不咬;你这人人品不好,蚊子也不爱找你,都冲着我来了;还有,别家邻居都只开一个小灯,就咱家灯火通明的,跟聚义厅似的。"

"妈,我倒想起件好玩的事。我们老大前几天不

171

是装修吗？之前他出于浪漫和情调的考虑，房子里的灯光全都若有若无，朦胧无比。大嫂很不喜欢，说在自己家里倒要常常摸索着走路；这次搬了新家，便责令老大把灯火挑得明亮些，结果我们老大在每个房间里均装了硕大的吸顶灯，把房间搞得好似摄影棚一般，结果又被嫂子好一顿数落。"

"你这张嘴太刻薄，这是我们女同志会过日子，那么大的吸顶灯，每天得多少电钱啊？"

"领导的尺度总是这么难把握。咱们接着说固定成本啊。水电费的主意没法打了，下面还有机器的折旧，这个更是板上钉钉的成本。该几年折旧完，就是几年折旧完，没什么可以商量的余地。费用也没有什么可以节省的余地了，看来，节流这条路走不太通，咱们还是得从开源的角度想办法。说到增加销售收入，我忽然想起一个很好玩的会计问题，咱们一起研究研究。

"我刚才想到了一个扩大销售的办法，就是买一赠一。我的问题是，咱们若是采用这样的方法搞促销，咱们应该按照多少来确认收入，分摊成本呢？"

"既然赠送一个，那赠送的一个肯定不能算销售了,但是咱们得算两遍的成本。"

"妈,您真聪明,那咱们再想想,既然是这样的前提,那咱们在什么情况下才能用这样的促销方法而能确实收到预期的效果呢?"

"我看看啊,也就是说,两个面包,咱们假设是面包啊,两个面包的成本需要靠一个面包的收入去补偿,补偿之后还要有剩余才算不赔本,也就是说,只有利润率大于 50% 的产品才能用这样的方法啊。唉呀,咱们家的点心的利润率都很低啊,根本达不到 50%,也就是说,这个方法咱们不能用啦?"

"嗯,也对也不对。您刚才想得没错,一般来说,只有利润率达到一定的水平,搞这样的活动才不至于赔本。不过也有一种特殊的情况,您非得这么做才可以。如果您某一天的面包做多了,就只能老老实实想尽办法把它们全卖出去。不然,因为过期变质而扔掉的面包给您造成的损失会更大。后面咱们讲存货对您的经营有何影响的时候我还会再举个例子,帮您理解一下。我先去趟洗手间,回来之后咱们谈谈会计上的第三张重要的报表——现金流量表。"

PART 5

现金流量表的
秘密

PART 5　现金流量表的秘密

"虽然现金流量表的名字挺复杂,但其实是一张非常简单的表。首先说说为什么要编制现金流量表,其次谈谈现金流量表到底是一张什么样的表。"

"应该和现金有关系吧?"

"对,妈,您真会猜,知道顾名思义了。咱们把上面这两个问题倒过来说,先说说什么是现金流量表,您还记得您自己做的账本吗?把赊销的那几部分内容减除去,就是现金流量表。这张财务报表所反映的,是企业在过去一个经营周期内,现金的流入和流出情况,以及在会计期末的时候,企业能够得以支配的现金到底有多少。其实这张表有点像利润表,先说说相同点。这两张表表达的都是企业经过一段时间的经营,对一定的经营成果的占有情况和企业的运营情况。区别在什么地方呢？利润表是以货物作为线索串起来的一张报表，而现金流量表，则是以现金作为线索串起来的一张表。那么为什么企业要编制这样一张报表呢？我先给您说个故事，帮助您理解一下。

"我上中学的时候咱们这里开过一个中式快餐店叫金麦穗，刚刚开业的时候经营得不错，所以老板有点冒进，据说当时的雄心壮志是一年之内在咱们市开100家分店。我当时去过两次，说实话不太好吃。中餐的烹饪理念和西餐本就有所不同，西餐可以标准化，可以批量生产；但是中餐讲究的是运用之妙存乎一心，每个厨师每次做出的每道菜滋味都应该有所不同。金麦穗按照西餐的方法做中餐，只能做出菜汤生冷、牛肉生硬、蔬菜又生又冷又硬的盖浇饭。不过这可能也只是我一个人的想法，那个年代人民群众全都朴实可爱，不怎么挑剔，我去的时候里面乌泱乌泱的，全都是人。但是两年之后，这个品牌再也看不到了，妈，您说这是什么道理？"

"大家都吃腻了呗。"

"对，这肯定是原因之一。后来我看报纸，原来是该公司的老板雄心万丈，总是想着一年开100家分店的事情。结果一家的店面还没稳固起来，就急急忙忙地想开第二家、第三家，自己没钱开了就找银行贷款。结果当人们慢慢厌倦了他们的菜品，慢慢淡出他们的餐厅，匆忙之间开起来的若干家店全都成了公司的负担。生意不好，倒也没什么变动成本，但是固定成本是跑不掉的，比如房租、人员的工资等。等到这家公司再也拿不出钱来支付这些固定成本的时候，只好关门大吉。所以这家公司倒闭的重要原因，除了饭菜不好吃，花样缺乏更新之外，更重要的原因在于，他们的现金流出了问题。如果咱们把企业的现金流比作一条链子，当企业盲目扩张，或者成本骤然上升的时候，这条链子会被拉长拉细。当它长到细到自己不能承受的时候，就会断掉。企业没有了现金，好像人没了血液，当然只能死掉。这几年我看到好多类似的民营企业，越来越觉得流动资金对于一家企业来说特别重要。一家企业生意做得再好，利润表上的数字再好看，还是要看看账上能随时支配的流动资金有多少。这和老百姓过日子的道理是一样的，银行存款永远是最可靠的资产。"

"我怎么听说美国人就不爱存钱呢？"

"一个是国情和民族性不同吧,他们建国以来比较顺,没受过罪,咱们可是五千年来多灾多难。此外,您是没看见美国人破了产多惨,流落街头,无家可归的多了。

"现金流量表就是这么一张报表,它能为企业经营管理者提供一个企业现金流向和流量的信息。企业的管理者每期看看现金流量表,就会知道,本期钱都花在了什么地方,到了月末的时候企业还剩多少钱。这样下个月才可能做出正确的经营判断。您看我们公司也是这样,每个月月末的时候我们会开一个合伙人会议,主要看的报表就是现金流量表。这个月现金流量好一些,剩下的钱多一些,下个月心里就有底;与之相反,下个月就要艰苦奋斗,不能太败家。

"我刚才说过了,您之前编的那本账,减除了赊销的部分,其实就是一张现金流量表的雏形。现金流量表的本质也是这样,它需要考虑的和需要包括进来的条目,全是和现金的收入与支出直接相关的。然后按照它自己的分类规则,把这些项目分别归为不同的种类。可能我说得又太抽象了。咱们还是想象现金流量表其实也是一个柜子,分成三层。咱们在过去的一

PART 5　现金流量表的秘密

个会计期间里有现金的收入,也有现金的支出。

"咱们先把您的账本拿出来看看:

熊妈妈的账本

截至 2019 年 5 月 31 日

日期	项目	金额(元)	注释
3.24	注册资本(熊妈妈投资)	60,000	
3.24	个人借款(小熊)	40,000	
3.27	工商执照办理费	-800	
3.28	5 月房租	-4,000	4 月免租
3.28	房租押金	-8,000	
4.5	面点师培训费	-2,500	
4.12	灯箱制作费	-2,800	
4.15	装修费	-12,000	
4.16	开荒和保洁费	-300	
4.18	蛋糕模子	-400	
4.18	大熊烤面包机	-8,500	
4.18	小熊烤面包机	-4,000	
4.18	冰柜两台	-7,000	
4.18	店内桌椅板凳	-1,200	
4.18	收银机	-2,500	
4.19	宣传单设计和印刷	-3,500	

(续表)

日期	项目	金额（元）	注释
4.19	蛋糕盒子的制作与印刷	−8,000	挂账，账期一个月
4.20	两个小妹的住宿费	−1,000	5月住宿费
4.25	蛋糕制作工具	−1,500	
4.26	一次性餐具	−2,500	
4.27	工作服	−400	
4.28	宣传单的发放	−300	
4.28	人造奶油	−800	挂账，账期2个月（N1）
4.28	高筋面粉	−1,750	挂账，账期2个月（N1）
4.28	低筋面粉	−100	挂账，账期2个月（N1）
4.28	糖	−500	挂账，账期2个月（N1）
4.28	黄油	−2,500	挂账，账期2个月（N1）
4.28	鸡蛋	−270	挂账，账期2个月（N1）
4.28	其他	−1,000	挂账，账期2个月（N1）
5.5	鸡蛋	−180	挂账，账期2个月（N1）
5.5	色拉油	−350	挂账，账期2个月（N1）
5.25	电费和水费	−1,300	
5.25	煤气费	−600	
5.28	两个小妹的首月工资	−2,000	
5.28	熊妈妈的首月工资	−2,000	
5.31	三个人的饭费	−2,000	3月20日到5月31日
5.31	面包片的收入（700袋）	3,850	

PART 5　现金流量表的秘密

（续表）

日期	项目	金额（元）	注释
5.31	牛角包的收入（3800个）	4,560	
5.31	6寸生日蛋糕销售	3,528	N2
5.31	8寸生日蛋糕销售	3,456	N2
总计		28,844	

"第一步，咱们先看看里面有哪些项目是不涉及现金的。就是说，您没有收到过现金，或者您没有支付过现金的项目。您来说说看。"

"嗯，你刚才说了，赊销的采购是不算的。剩下的没什么了啊。"

"好，那咱们先把这几项减除出去再看看。

熊妈妈的账本

截至 2019 年 5 月 31 日

日期	项目	金额（元）	注释
3.24	注册资本（熊妈妈投资）	60,000	
3.24	个人借款（小熊）	40,000	
3.27	工商执照办理费	−800	
3.28	5月房租	−4,000	4月免租
3.28	房租押金	−8,000	
4.5	面点师培训费	−2,500	
4.12	灯箱制作费	−2,800	
4.15	装修费	−12,000	
4.16	开荒和保洁费	−300	
4.18	蛋糕模子	−400	
4.18	大熊烤面包机	−8,500	
4.18	小熊烤面包机	−4,000	
4.18	冰柜两台	−7,000	
4.18	店内桌椅板凳	−1,200	
4.18	收银机	−2,500	
4.19	宣传单设计和印刷	−3,500	
4.20	两个小妹的住宿费	−1,000	5月
4.25	蛋糕制作工具	−1,500	
4.26	一次性餐具	−2,500	
4.27	工作服	−400	
4.28	宣传单的发放	−300	

PART 5　现金流量表的秘密

（续表）

日期	项目	金额（元）	注释
5.25	电费和水费	-1,300	
5.25	煤气费	-600	
5.28	两个小妹的首月工资	-2,000	
5.28	熊妈妈的首月工资	-2,000	
5.31	三个人的饭费	-2,000	3月20日到5月31日
5.31	面包片的收入（700袋）	3,850	
5.31	牛角包的收入（3800个）	4,560	
5.31	6寸生日蛋糕销售	3,528	
5.31	8寸生日蛋糕销售	3,456	

"第二步,咱们把上面这些和现金的流动有关系的项目分分类,还记得现金流量表的三个抽屉不?第一个抽屉,叫作经营活动产生的现金流量。这个抽屉里面都放什么项目呢,凡是和经营活动有关系的现金的进出,都可以放在这个抽屉里面。咱们能想到的,比如您卖出了货物,收回了现金,这笔现金就放在这个抽屉里面。还比如,您采买原材料,对方要求您付现而不是挂账,那么这笔钱也要放在这个抽屉里。还有您买那些零七碎八的东西、付给小妹的工资、支付出去的房租……这些都要放在这个抽屉里面。咱们根据我说的内容,看看您的账本里面哪些是可以放在第一个抽屉里面的。

酥园面包店 2019 年 5 月经营活动产生的现金流量

日期	项目	金额(元)	注释
3.27	工商执照办理费	-800	
3.28	5月房租	-4,000	4月免租
3.28	房租押金	-8,000	
4.5	面点师培训费	-2,500	
4.12	灯箱制作费	-2,800	
4.15	装修费	-12,000	
4.16	开荒和保洁费	-300	

PART 5　现金流量表的秘密

（续表）

日期	项目	金额（元）	注释
4.18	蛋糕模子	-400	
4.18	店内桌椅板凳	-1,200	
4.19	宣传单设计和印刷	-3,500	
4.20	两个小妹的住宿费	-1,000	5月
4.25	蛋糕制作工具	-1,500	
4.26	一次性餐具	-2,500	
4.27	工作服	-400	
4.28	宣传单的发放	-300	
5.25	电费和水费	-1,300	
5.25	煤气费	-600	
5.28	两个小妹的首月工资	-2,000	
5.28	熊妈妈的首月工资	-2,000	
5.31	三个人的饭费	-2,000	3月20日到5月31日
5.31	面包片的收入（700袋）	3,850	
5.31	牛角包的收入（3800个）	4,560	
5.31	6寸生日蛋糕销售	3,528	
5.31	8寸生日蛋糕销售	3,456	
总计		-33,706	

"现在说说第二个抽屉，叫作投资活动产生的现金流量。这个抽屉比较复杂，不过在我们现阶段还是比较简单的，等到什么时候咱们酥园壮大了，一不小心就收购几个竞争对手的时候，这个抽屉里才会有实质性的内容。现阶段您就记住，只需要把添置的固定

资产项目放在这个抽屉里就好了。

酥园面包店 2019 年 5 月投资活动产生的现金流量

日期	项目	金额（元）
4.18	大熊烤面包机	-8,500
4.18	小熊烤面包机	-4,000
4.18	收银机	-2,500
4.18	冰柜两台	-7,000
总计		-22,000

"第三个抽屉叫作筹资活动产生的现金流量。这个抽屉放什么内容呢？如果企业找银行或者债主融了资，或者从股东那里弄到了钱，或者需要把这些钱还给上述这些人，那么这些项目就放在这个抽屉里。在咱们酥园，您有两笔钱可以放进来。第一笔钱是您的投资，人民币6万元，还有一笔是来自于我的借款，人民币4万元。

酥园面包店 2019 年 5 月筹资活动产生的现金流量

日期	项目	金额（元）
3.24	注册资本（熊妈妈投资）	60,000
3.24	个人借款（小熊）	40,000

"好了,咱们已经把现金流量表做好了。

酥园面包店 2019 年 5 月现金流量表

项目	本期金额(元)	注释
一、经营活动产生的现金流量		
销售商品,提供劳务产生的现金	15,394.00	N1
经营活动流入现金小计	15,394.00	
支付给职工的现金	−4,000.00	N2
支付其他与经营活动有关的现金	−45,100.00	
经营活动现金流出小计	−49,100.00	
经营活动产生的现金流量净额	−33,706.00	
二、投资活动产生的现金流量		
购建固定资产支付的现金	−22,000.00	
投资活动产生的现金流量净额	−22,000.00	
三、筹资活动产生的现金流量		
吸收投资收到的现金	60,000.00	
吸收借款收到的现金	40,000.00	
筹资活动产生的现金流量净额	100,000.00	
期末现金及现金等价物余额	44,294.00	N3

N1:本月四种产品的销售收入合计为人民币 15,394 元。
N2:两个小妹及熊妈妈的当月工资合计人民币 4,000 元。
N3:为本期三个抽屉余额相加减的结果,反映本期期末企业剩余现金情况。

"好了,我帮您编出了本期的现金流量表。从这张表上,您能看出什么信息呢?"

"我看出钱已经被我花得差不多了。"

"对啊,这就是现金流量表最大的用处——助企业管理者及时了解自己手中可供支配的现金。这样您在做下一个期间的计划时,才能做到手中有粮,心中不慌。咱们回过头来再看看您当时记的账本里面有哪些是6月份肯定需要支付而且数额确定的项目。

2019年6月需要支付的数额确定的项目

项目	金额(元)
蛋糕盒子的制作与印刷	-8,000
6月房租	-4,000
熊妈妈和两个小妹的工资	-4,000
两个小妹住宿费	-1,000
总计	-17,000
5月期末现金余额	44,294
剩余金额	27,294

PART 5　现金流量表的秘密

"从上面的表可以看出来，您在 6 月份可以支配的现金还有 27,294 元。虽然有一些开业初期的费用 6 月份就不需要支付了，但是您还需要采购原材料、交水电费和其他杂费。幸亏您的面包都是现款交易，如果是一般的生产型企业，顾客一般有 1 到 3 个月的账期，不需要马上把货款给您。您想想看，您这 2 万多块钱还怎么支撑下去啊？"

"哎呀，你这么一给我算账，妈妈心里相当没底了。马上就有紧迫感了，看来真得好好想想对策了。"

"没事没事，妈呀，咱们这是谈生意。不管怎么说还有我在呢，您就好好干吧，不要有任何压力。我这个银行虽然没什么业务，但是给您提供点无息无限期偿还贷款还是没问题的。虽然您的账做得一般，但是您做出来的面包好吃，经营理念也对。我还是挺有信心咱们的酥园能够成功的。"

"唉，也幸亏有你支持我，咱们这个财务状况可别告诉你爸爸，不然他又得说我没事找事，有钱没处花。"

"那是必须的啊，我爸就算想看您的账都没问题。好多企业都做两套账，我也给您做一套，专门给我爸看。"

"那他问我钱都哪儿去了怎么办?"

"嗯,您就说都捐了。"

"嗯嗯,这个理由真不错,连我自己都不信。"

PART 6

存货是怎么影响
利润的

PART 6　存货是怎么影响利润的

滚来滚去的存货

讲完现金流量表，小熊沉默了一会儿。妈妈捧着学习笔记在冥思苦想。屋子里很安静，只有客厅里的表嘀嗒嘀嗒地响。窗外吹过一阵轻柔的微风，这让小熊想到了高中自习课的情景：轻轻推开一间教室的门，里面坐满了人，但是鸦雀无声，只有偶尔吹过一阵风，吹开劣质蓝布制成的窗帘，这样的情景既诡异又令人生倦。想到这样的时刻，小熊也有点困意。"妈，咱们就讲到这里吧，我讲得有点恶心了。咱们还一直说去店里盘点存货呢,去店里看看吧。"

熊妈妈显然也困了,她听到小熊的这个建议精神一振,迅速站起身来,还伸了一个大懒腰,角度之大有点像难度很高的瑜伽动作。这让小熊有点怀疑妈妈刚才聚精会神地看笔记是伪装的。

小熊、熊妈妈和两个小妹如何翻箱倒柜地盘点存货,我们就省略不提了。经过几个小时的折腾,小熊帮妈妈做出来一个存货盘点结果表。

酥园面包店2019年5月31日期末存货盘点表

项目	期初采购重量(斤)	本期发生重量(斤)	期末结余重量(斤)	期末存货金额(元)
高筋面粉(牛角)	240	220.40	19.60	49.00
高筋面粉(吐司)	460	441.00	19.00	47.50
低筋面粉	40	33.26	6.74	16.86
白糖	100	83.47	16.53	82.64
人造奶油	50	41.57	8.43	134.82
黄油	200	193.40	6.60	82.50
鸡蛋	150	143.87	6.13	18.39
沙拉油	20	16.63	3.37	59.00
其他	12.50	10.97	1.53	122.19
合计				612.90

PART 6　存货是怎么影响利润的

对于上面的这张存货盘点表，有以下两点说明：

第一，一般而言，存货的盘点都应该放在每个会计期末进行，比如年末或者月末。对于酥园这样的货物流通性很强的快速消费品行业，每个月的最后一天对仓库进行一次全面的盘点实在非常重要。存货开始盘点的时候，理论上就不应该再有货物的出和进了，也就是说，盘点的那个时刻，不应该有新采买的原料入库，也不应该有产成品的出库。

在我们的故事中，由于小熊回来的时候已经是6月初了。当他进行存货的盘点时，他所盘点出来的货物一定不是5月31日当天的货物。在企业的实际生产运营中也会遇到类似的问题，由于赶订单，在月末的时候没有进行存货的盘点，于是在下个月的月初再回过头来对存货进行盘点。审计师更是常常遇到这样的问题，审计通常在每年的1月或2月进行，那个时候当然早已经过了12月31日的期末日期，但是审计师还想复核一下企业的存货，于是审计师会像小熊一样，做一个叫作"roll back"的测试，这个roll back从字面上说叫"滚回去"，这当然不是指审计师，而是指对于需要盘点的存货。

　　这个方法很简单，就是把期末日之后直到盘点日之间这段时间里的存货进出考虑进去，先核定盘点日的存货，然后根据期末日到盘点日这段时间的存货进出，推算出期末日的存货数字。对审计师而言，对方的企业一定会有一个会计期末账上的数字，与他所推

PART 6　存货是怎么影响利润的

算出来的数字进行配比。而对小熊而言，由于之前熊妈妈并未在5月31日进行过盘点，所以小熊只能完成反推的过程。前面的那个表就是小熊进行roll back之后的结果，体现的是酥园面包店5月31日的存货余额。

由于面包店的规则是不允许有面包过夜，而蛋糕的制作是根据订单来生产的，所以在期末的时候不存在半成品和产成品的存货，而只有原材料的存货。

第二，计算期末存货的结余有一个理论基础。一般的会计书上都会列出一个公式。在我们这个故事里，我们举一个生活中的实例来说明。小熊在上学的时候特别喜欢生吃西红柿。每到夏天的时候，熊妈妈都会记得每天买几个西红柿放在冰箱里，小熊放学回家，打开冰箱就会有新鲜冰凉的西红柿可以吃。假设在某一个月里，熊妈妈每天都给小熊买西红柿，而小熊每天都会吃西红柿。到了本月的最后一天，熊妈妈打开自己买菜记账的小本子，显示这个月一共买了56个西红柿，熊妈妈记得月初的时候冰箱里还剩下3个西红柿。之后熊妈妈又查看了一下冰箱，里面还剩下2个。那么本月小熊吃了多少个西红柿呢？有一个很好理解的式子：

月初剩余的西红柿（3个）＋本月购买的西红柿（56个）－月末剩余的西红柿（2个）＝57个

这57个西红柿就是本月小熊吃掉的。如果小熊记得自己本月吃了多少西红柿，而妈妈没有记录自己

PART 6　存货是怎么影响利润的

本月买了多少个，用上面的式子也可以算出来。又或者，小熊和熊妈妈都分别记录了自己本月吃了多少西红柿和买了多少西红柿，但是忘记了月初的时候冰箱里剩下多少，这个公式也可以帮忙。

这个公式在前面的存货盘点表里见到过，它就是企业的财务人员核算本期消耗存货或者库存剩余存货的理论基础。

练 习
存货的计价方法——先进先出法

计量期末的存货价值，一般来说有很多种方法，大致的区别在于，你是愿意用最后入库的存货价值计量呢，还是愿意按照最早入库的存货价值计量。当然，对于一个面包店而言，非要这么区分实在是和自己过不去。区分存货的计价方法要基于一定的假设，比如该企业的存货入库出库的数量巨大，而且频繁；比如这个企业的存货价值容易受到时间的影响；还有很多比如，这里就不说了。简单介绍一下先进先出法，是因为想编一道难一点的题目让大家做。

现在先解释一下什么是先进先出法。理论基础很简单，就是对于存货的入库和出库，我们本着一个原则，就是当存货的入库被分为好几批，那么，我们的原则就是，先进来的一定要先安排它们先出去。就好比我们是在开一个饭馆，到了饭点的时候会有大量的人涌进来，那么我们如何对付这些人呢？就是谁先进来，谁就会有一个号码，轮到他们的时候，他们吃，他们吃完，马上安排他们离开，然后给后面的人腾座位。

下面谈谈为什么我们要用先进先出法来计量期末存货的价值。这是因为，在这样的排座的方法下，在一个会计期末，你看到的存货，代表的价值都是最新的价值。这样的方法最符合会计的计量原则，就是对于某些资产，应当计量它们的资产负债表日的公允价值。

既然我们知道了在这种方法下存货计价的原理，那么不妨用上面的思路算算下面的问题。问题一点儿也不难，你顺着后面的这张表给出的数据找下去，就能明白，里面每一步的问题，其实就是上一步的答案。

PART 6　存货是怎么影响利润的

例题：2019年5月1日，A公司结存B材料500千克，每千克单价2.0元，5月8日、5月12日、5月18日分别购进B材料400千克、600千克、400千克，单价分别为2.2元、2.4元、2.5元；5月9日发出存货700千克，5月14日发出存货100千克，5月19日发出存货800千克，分别计算发出存货的成本及期末的成本。（期末的成本就是5月31日的成本。）

发出存货成本及期末成本的计算

日期		收入			发出			结存		
月	日	数量（千克）	单价（元）	金额（元）	数量（千克）	单价（元）	金额（元）	数量（千克）	单价（元）	金额（元）
5	1							500	2	1,000
5	8	400	2.2	880				500	2	1,000
								400	2.2	880
5	9				500	2	1,000	200	2.2	440
					200	2.2	440			
5	12	600	2.4	1,440				200	2.2	440
								600	2.4	1,440
5	14				100	2.2	220	100	2.2	220
								600	2.4	1,440

（续表）

日期		收入			发出			结存		
月	日	数量（千克）	单价（元）	金额（元）	数量（千克）	单价（元）	金额（元）	数量（千克）	单价（元）	金额（元）
5	18	400	2.5	1,000				100	2.2	220
								600	2.4	1,440
								400	2.5	1,000
5	19				100	2.2	220	300	2.5	750
					600	2.4	1,440			
					100	2.5	250			

PART 6　存货是怎么影响利润的

存货是如何影响利润的

小熊看着手里的盘点表，自言自语道："还剩下不少原材料啊，下次还是要按照计划来采购。"

熊妈妈听到小熊的评论，不由凑过来，也看了看盘点表："这样不是挺好的？下次还省得再买了。原料反正也不会浪费，迟早都要用得着。"

"妈呀，您这是过日子的观点，却非开公司的观点。我来解释一下啊。对于一个企业而言，如果在一个期末仓库还存有原材料或者其他形式的存货（半成品、产成品），这可不是一个吉祥的预兆。首先，这些存货放在库里，不能及时卖出，一般情况都是只长毛不涨价的。等到什么时候原材料不能使用了，半成品和产成品彻底卖不出去的时候，就是企业资产损失的时候。第二点就更重要，库存的存货会直接影响您的现金流量，能想明白为什么吗？"

PART 6　存货是怎么影响利润的

"隐隐约约有点明白，但是恍恍惚惚又不太明白。"

"哦，懂了，那就是不明白了。咱们还是回过头来看上面那个西红柿的例子吧。这回您不是单纯地给我买西红柿这么简单了，您现在是一个批发西红柿的小贩。每天早上您都到菜农那里批发西红柿，然后在咱们门口摆摊卖。"

"真惨，我这越混越回去了，还得躲着城管。"

"嗯，咱们假设这是清朝末年，没有城管。您每天早上批发100斤西红柿。妈现在西红柿卖多少钱一斤啊？"

"看，也有你不知道的事吧。好一点的2块5，差一点的2块。"

"好，假设您卖的全是好的，您批发来的价钱是1块一斤。咱们在下面列一个小小的利润表说明一下，首先假设您把这100斤全都卖出去了。

利润表一

销售收入（元）	250	2.5×100
成本（元）	100	1×100
利润（元）	150	

"这是最理想的情况了,您辛劳一天的净利润是150元,由于全都卖出去了。本钱当然也全都回来了。那么您手里有了250块钱,下一次可以买250斤西红柿。您的生产规模在扩大,销售收入不断地增加,利润也不断地增加。这就是现金流在企业经营中的作用,它让您的经营活动'活'起来。

"接下来咱们换一种情景来看看。您早上还是批发了100斤西红柿,到了晚上只卖出了60斤,剩下了40斤没卖出去。现在咱们再看看您的利润表:

利润表二

销售收入(元)	150	2.5×60
成本(元)	60	1×60
利润(元)	90	

"有了一些变化,对吧?首先,利润减少了,这是最直观的变化。其次,您可以使用的现金也减少了,比起上一张表,您少了100块钱作为继续采购新鲜西红柿的本钱。为什么出现这样的情况呢?因为您回家的时候还带着40斤西红柿。这40斤西红柿就是您的

PART 6　存货是怎么影响利润的

存货，您可以把它理解为原材料、半成品或者产成品。意思都是一样的。那么，您为了采购这40斤存货而支出的40块钱就死在这堆西红柿上面了，您只要有一天卖不出去，这40块钱就回不来。这里面有两种情况：

"第一种情况，这40斤西红柿不新鲜了，有20斤其实已经烂了，根本没法卖。另外的20斤勉强卖出去了，但是只能卖1块5一斤，咱们再看看利润表：

利润表三

销售收入（元）	150	2.5×60
存货收入（元）	30	1.5×20
成本（元）	100	1×60
利润（元）	80	

"奇怪的事情发生了，多卖20斤，而且每斤的售价全都大于成本，但是总的利润反而降低了10块。这是一个很好玩的问题，妈，开动一下您聪明的头脑，告诉我这是怎么回事？"

"哦，这不难，因为扔了20斤。这个损失掉的成本得拿别的来背呗。"

"我妈圣明，的确是这个道理。这就是存货对您利润的影响。还有另外一种情况，您这剩下的40斤西红柿是铁打的，不会产生变质的问题。它们全都在第二天卖出去了。假定您除了这40斤之外，第二天销售的西红柿全都是您用前一天的所得采购的，还记

得吧,卖了 150 块钱。那么您第二天一共可以出售的西红柿就是 150 斤新采购的加上 40 斤剩下的。咱们看看利润表是怎么样的。

利润表四

销售收入(元)	475	2.5×190
成本(元)	190	1×190
利润(元)	285	

"咱们一开始的时候还举了一种情况,就是当天全都卖掉不剩余,那么您当时有 250 块钱可以用来采购新的西红柿,对吧?咱们看看在这种情况之下,利润表是如何的呢?

利润表五

销售收入(元)	625	2.5×250
成本(元)	250	1×250
利润(元)	375	

"看到了吗?妈妈,这就是资本的力量啊。这个差异的原因我来解释一下,由于您上一期有没有实现

销售的存货,那么这部分库存的存货所包含的应该实现而没有实现的现金(40×2.5)就无法连续地投入到下一个周期的经营中去。利润表四和利润表五的差异在何处呢?就是在利润表四代表的经营假设下,您新买了150斤的新鲜西红柿,产生了375元的收入;而在利润表五代表的经营假设下,您新买了250斤新鲜的西红柿,产生了625元的收入。它们的差额250元就是由于部分存货包含的现金没能及时投入到下一轮的生产经营中去所带来的结果。现在您知道您所剩余的这些面粉、黄油对您的下一期利润有何影响了吧?我前一阵子去江苏看了一个企业,存货期末余额好几千万,对比报表明显不正常,而且他家的产品还是有保质期的。结果我要求他们把四个原材料、半成品和产成品库房都打开,做了一个抽盘,你猜怎么着?大部分的库存产成品都是两年前的,卖不出去,还不赶快从报表上调减下去。"

"结果呢?"

"结果?我很爽快地都把它们调为存货跌价损失了。"

PART 6 存货是怎么影响利润的

补全存货的资产负债表

小熊沉思了半晌,长长舒了一口气,脸上流露出轻松的表情:"妈呀,我仔细想了想,咱们还剩下很小的一块没讲完,除此之外,我的会计课很快就能结束啦。"

"啊?你学了四年的东西,这么两天就糊弄完了吗?"

"您别这么说啊,课讲得好不好不在长短。孔子讲课讲得好吧,《论语》也不过一万五千多字。这几堂课讲下来,可都是我多年思考的精华。您在平常做生意的过程中也得慢慢琢磨和体会。这次给您讲的内容,主要是两大部分。第一,帮您树立一个财务报表观,我接触的很多企业家,脑子里是没有这三张表的,换句话说,他们心里的财务信息都是碎片化的,不成体系;第二,帮您树立一个成本会计观。您看咱们算了很多成本内容,其实是想讲清楚,作为一个小业主,怎么正确理解和管理自己的成本。这些其实只是财务这棵大树上的两个果子,您要是吃得不错,咱们以后还有的是。

"最后的一步其实最麻烦。就是帮您生成一张5月31日的资产负债表。其实关于资产负债表的大部分信息,咱们在前面都讲过了。不过因为当时没有期末存货的数字,所以没有把完整的资产负债表编出来。咱们今天既然已经盘点了存货,不如一鼓作气,把资产负债表也编制出来,看看咱们上个月的资产负债情况到底是怎么样的。"

PART 6　存货是怎么影响利润的

资产负债表

2019 年 5 月 31 日

资产	期初	本期期末数	负债	期初	本期期末数
现金		294	应付账款		15,450
银行存款		44,000	其他应付款		
其他应收款		8,000	短期借款		40,000
预付费用			预提费用		
固定资产		22,000	应付税金		
减：折旧		290.28	应付工资		
固定资产净值		21,709.72			
存货		612.90	所有者权益		
总资产		74,616.62	实收资本		60,000
			盈余公积		
			未分配利润		−40,833.38
资产总计		74,616.62	负债及所有者权益总计		74,616.62

不算尾巴的尾巴

小熊临回牛市的时候对妈妈说:"妈啊,基本原理我算给您讲完了。但是我还是建议您聘请一个会计来帮您记账,毕竟我给您讲课的目的是希望您作为一个管理者,可以对财务的基本知识有所了解,而不是把您培养成一个专职会计。根据税务局的要求,您得定期去报税。就算您天资聪颖,也不太可能要求您马上就能做出报表来。更何况我还没教您怎么记账呢。"

熊妈妈点点头,说:"我也觉得应该请

一个专业人员来帮帮我。"（小熊想，妈妈可能总听自己说，竟然也知道"专业人员"这个词。）

小熊说："那您的固定成本又多了一块啊？"

熊妈妈说："还真是，看来专业人员也是一把双刃剑啊。"

小熊说："妈，您别逗我了。就算是狼牙棒，您该请还是要请。您要是非打算自己记账，也要等我有时间专门给您讲讲怎么记账才行。"

熊妈妈没说话，若有所思地点点头。这样的神情让小熊多少有些担心。小熊在小的时候很淘气，每次挨揍之前，妈妈也是这么一副神情。

三个月之后。

小熊来到了一个南方的海滨城市出差。一天晚上，他收到了一封熊妈妈的电子邮件。

熊妈妈最近刚刚学会写电子邮件，由于她年轻的时候曾经在电话局负责发电报，对拼音输入法有着深厚的造诣，所以很快就收发自如了。于是熊妈妈常常给小熊写邮件，电话反倒不常打了。这样的转变反倒让小熊觉得有点儿不适应。有一次他专门打电话给熊妈妈说:"妈,您现在怎么不给我打电话了啊?是不是我哪句话惹您生气了?"熊妈妈说:"没有啊,我不是常给你写信吗?这样便宜,而且我觉得很酷。"

小熊:"……"

熊妈妈的这封信是这么写的:

小熊老师:

　　妈妈非常感谢你之前给我上的课。现在我常常翻看之前我记的笔记,脑子里也慢慢有一些清晰的思路了。我觉得对于我而言,知道一些会计知识确实帮助很大,至少,我不会糊涂到赚钱还是赔钱都不知道了。这几天我也常常和小孙聊聊天(妈妈请来的会计,你知道,对吧),也从她那里学到了很多。不过我觉得她讲得不如你讲得好。(小熊看到这里,不由得微笑起来。)而且,我也觉得其实会计挺好玩的,你之前给我说会计就像牛角包一样,现在我慢慢有点明白了。当然,为了理解你的这个比喻,我这些日子也没少吃面包。

不算尾巴的尾巴

　　在小孙的帮助下,妈妈试着做了这个季度的现金流量表和利润表,就当作我的第一次作业吧。我想让你帮我看看,妈妈做得对不对。

　　要是我做得没错,我想我们终于赚钱了。

妈妈